优秀教师方略丛书

优秀教师的10项基本功

Youxiu jiaoshi
Fanglüe congshu

陈昌国　本书编写组◎编著

Youxiu
Jiaoshi de 10 xiang
Jibengong

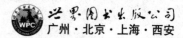

世界图书出版公司
广州·北京·上海·西安

图书在版编目（CIP）数据

优秀教师的 10 项基本功／《优秀教师的 10 项基本功》编写组编．—广州：世界图书出版广东有限公司，2010．11（2024.2 重印）

ISBN 978 - 7 - 5100 - 3004 - 8

Ⅰ．①优… Ⅱ．①优… Ⅲ．①优秀教师 - 师资培养

Ⅳ．①G451.2

中国版本图书馆 CIP 数据核字（2010）第 217532 号

书　　　名	优秀教师的 10 项基本功 YOU XIU JIAO SHI DE 10 XIANG JI BEN GONG
编　　　者	《优秀教师的 10 项基本功》编写组
责任编辑	康琬娟
装帧设计	三棵树设计工作组
出版发行	世界图书出版有限公司　世界图书出版广东有限公司
地　　　址	广州市海珠区新港西路大江冲 25 号
邮　　　编	510300
电　　　话	020-84452179
网　　　址	http://www.gdst.com.cn
邮　　　箱	wpc_gdst@163.com
经　　　销	新华书店
印　　　刷	唐山富达印务有限公司
开　　　本	787mm×1092mm　1/16
印　　　张	12
字　　　数	160 千字
版　　　次	2010 年 11 月第 1 版　2024 年 2 月第 4 次印刷
国际书号	ISBN　978-7-5100-3004-8
定　　　价	59.80 元

"优秀教师方略"丛书编委会

主　编

王利群　　解放军装甲兵工程学院心理学教授
周作宇　　北京师范大学教授、教育学部部长

编　委

马世晔　　中华人民共和国教育部考试中心
李功毅　　《中国教育报》副总编
王增昌　　《中国教育报》高级编辑
殷小川　　首都体育学院心理教研室教授
张彦杰　　北京市教育考试院
魏　红　　北京师范大学教务处
刘永明　　北京师范大学继续教育与教师培训学院　副研究员
刘艳茹　　北京市顺义区教育研究考试中心，中学高级教师
刘维良　　北京教育学院教育学教授
杨树山　　中国教师研修网执行总编
肖海雁　　山西大同大学心理系主任，教授
张兴成　　西南大学（原西南师范大学）副教授
南秀全　　湖北黄冈特级教师
方　圆　　北京光辉书苑教育研究中心研究员

序　言

　　优秀教师何以成为优秀教师，优秀教师的成长有无规律可循？这是一个值得思考和关注的问题。

　　"优秀教师"这个概念，它和我们平时常常提及的"骨干教师"、"名师"或是"特级教师"并不尽相同。后三个概念更多的是以某种标准加以衡量而赋予教师的某种荣誉，表征的是教师某个发展阶段的状态。"优秀教师"倾向于从动态变化的教师成长过程中来解读，它意味着一个漫长而艰辛的成长过程，一个离不开成长期的默默付出，历经高原期的苦闷徘徊，从而达致成熟期的随心所欲的成长过程。

　　我们应该把优秀教师看作是一个发展性的概念。作为一个教师，要在事业上获得成功，首先要有强烈的事业心和责任感，要有崇高的奉献精神，要有坚定不移的意志品质，要有持续发展的信念，要有永不满足、不断学习、不断进取的精神。从发展的角度看，所有的教师都可以成为优秀教师。

　　当然，成为一个优秀教师不仅要有自己的主观条件，还要有客观条件的保证，从立志做优秀教师到成为优秀教师不是必然规律。优秀教师能及时抓住时代发展的机遇，并使机遇成为成长的契机。机遇对成功很重要，但教师的成功不是靠被动地等待，而是认真踏实地工作，通过"量"的积累，在及时把握机遇中达到"质"的飞跃，获得成功。

　　为使主客观条件达到最佳的组合，从而获得成功，今天的优秀教师，应该改变传统的"春蚕到死丝方尽，蜡炬成灰泪始干"的被动的、悲凉的形象，树立一种新的优秀教师成长观，即关注自身精神生命的成长，使得优秀教师的成长不再仅仅是为了一纸文凭或是生存技能的提高，而是为了自我的充实与完善，为了个体的幸福与愉悦，为了更有意义的生活。为这样的目的而努力的人，即称优秀。惟有如此，优秀教师才有可能真正地唤醒自己，同时也唤醒他所接触的人，才有可能创造自己更为美好、更有意义的生活，同时也创造他人更为幸福的生活。

我们应该相信，优秀教师的成长主要不是依靠天赋，而是后天的因素；后天因素对教师成长的影响程度依次为个人的努力、教学互动、专家引领、师傅指导、同伴互助和领导支持。

在成长过程中，尽管每个优秀教师的成长经历都不相同，具有浓厚的个性色彩。但是透过表层的个性因素，仍然可以从中概括出某些共同的要素，说明优秀教师的成长还是有规律可循的，能够提出优秀教师培养的方式方法的。

根据对优秀教师成长规律的总结，我们编写了这套"优秀教师方略"丛书，其特点是强调教师学习与培训的针对性、适用性和可接受性，期望能在教师艰辛的成长过程中助一臂之力，让他们少走一些弯路，减少个人摸索的无效劳动；让更多的教师通过不断的学习、反思、超越，成为"优秀教师"。

前　言

作为人类灵魂的工程师，教师的一言一行都在影响着学生，好的行为可以引导学生做出正确的选择，而不好的德行同样也能折射到学生的行为模式上。作为一个具有社会责任心的社会人来说，既然选择了教师这一职业，就要作学生积极的领路人——优秀教师。

优秀教师有哪些标准，换句话说，就是如果你是一名普通的教师，想跨越到优秀教师的行列，又需要修炼哪些功课呢？本身已经成为了一名优秀教师，又需要时刻注意哪些方面来把这种荣誉持续下去呢？

想成为优秀教师，首先要密切关注的就是自己的知识存储量。因为教师的工作就是要教书育人，不但要培养学生们的生存技能还要引导他们建造良好的德行，帮助他们形成健康的生存观和价值观。因此想成为优秀教师的话，读书并且会读书都是必须要掌握的一项基本功。唯有如此，才能在协助学生们茁壮成长的过程中实现教师的自身价值。

懂得适当地处理教材也是优秀教师应该掌握的技能。对于教材——这个教师事业中的朋友与搭档来说，教师对它的态度决定了教材在提高学生学习成绩的工作中所起到的作用。优秀教师在处理教材的时候，正确的观点是在利用它的基础之上超越它。

优秀教师的课堂管理能力，也就是营造活泼课堂氛围的水平；语言表达能力，也就是对声音和语言的利用水平；动手操作能力，也就是亲自动手实践的水平；观察分析能力，也就是研究学生并更好地指导学生的水平；这些能力都是直接地作用于每一位学生，所有这些环节都无时无刻不在影响着学生的知识接受能力。培养这些能力，自然也属于优秀教师的基本功。

可能您的学生中恰巧有些让你头疼的"差生"，纠正其错误的同时千万不能在爱与关怀上对他们区别对待。更不能因为他们犯了错误就一味地对其炮轰打击，更要严防把教师自身所承受的事业或生活上的压力，以学生犯错为"突破口"进行情绪的发泄。

在教师的工作生涯中，"沟通"是一个关键词。这包含了与学生的沟通、与同事的沟通、与领导、与家长的沟通……在这个以沟通为前提的互动平台上，作为一个优秀教师，要时刻懂得运用沟通的能量。因为拥有良好的沟通能力是一个优秀教师在教育岗位实现其价值的无形却有力的助推器，所以沟通能力被毫无悬念地列入优秀教师的基本功之一。

本书顺应时代潮流的发展节奏，重点释义了作为一个优秀教师在教育教学过程中应该具备的 10 项基本功。毕竟时间是不会停滞不前的，进取与创新永远都是社会的主旋律。教师作为培养未来优秀接班人的职业，更应该随时更新自己的教育观念，以便在反思中追求卓越。

愿本书能为您打通一条优秀教师的成功之路。

编　者

目　录

第一章　掌握知识的基本功 /1

第一节　做知识的富翁 /2

第二节　教书,先读书 /6

第三节　给自己准备一桶水 /11

第四节　做"空杯"教师 /15

第二章　处理教材的基本功 /18

第一节　磨刀不误砍柴工 /19

第二节　教材的二次加工 /23

第三节　彻底远离"填鸭式" /26

第四节　让教材成为你的仆人 /28

第三章　营造课堂氛围的基本功 /33

第一节　用幽默做课堂的调味剂 /34

第二节　老师搭台,学生唱戏 /37

第三节　别让学生恐惧提问 /41

第四节　公平对待每一个学生 /45

第五节　不能忽视的课堂细节 /48

第四章　语言表达的基本功 /54

第一节　声音的管理 /55

第二节　打造语言风格 /58

第三节　无声胜有声 /62

第四节　三思而后言 /66

第五章　动手操作的基本功 /69

第一节　让科技服务于教学 /70

第二节　实验课上的游刃有余 /73

第三节　板书:把语言文字化 /76

第四节　批改作业的讲究 /79

第六章　观察分析的基本功 /82

第一节　走进学生的心灵 /83

第二节　不良心态的矫正 /86

第三节　运用期望效应策略 /90

第四节　培养学生的问题意识 /94

第五节　善用暗示的强大力量 /100

第七章　有效沟通的基本功 /104

第一节　与学生的沟通 /105

第二节　与家长的沟通 /109

第三节　与学校领导的沟通 /112

第四节　与同事的沟通 /116

第八章　控制情绪的基本功 /118

第一节　别把情绪带到课堂上 /119

第二节　远离教师职业倦怠 /123

第三节　做情绪的管理者　/128

第四节　做快乐教师　/132

第九章　改造"差生"的基本功　/136

第一节　不以分数论英雄　/137

第二节　宽容与惩罚的辩证关系　/143

第三节　倾听学生的心声　/147

第四节　有些事可以忽略　/152

第五节　别在家长会上口无遮拦　/155

第六节　因材施教　/158

第十章　勇于探索创新的基本功　/162

第一节　不断学习进取　/163

第二节　在反思中成长与完善　/167

第三节　拒绝平庸,追求卓越　/172

第四节　培养先进的教育观念　/176

第五节　敢于挑战权威　/179

第一章
掌握知识的基本功

早在古希腊的时候，人们就把教师称之为"智者"，字面上的意思就是充满智慧的人，言外之意就是说只有那些充满智慧的人才能为人师。几千年后的今天，教师之所以依然能够为人师、受人尊重，也是因为他们心存聪慧。他们拥有能够引导学生发展的基本智力保障。在人类的知识、智慧一代代地传承的这个链接中，教师无可代替地充当着最为关键的传导作用。

教师作为知识、智慧的传导者，首先要求自身要变成终身学习的倡导者、示范者和实践者。其次除了思路清晰、逻辑严密、思维敏捷、观念先进之外最重要的还是要拥有如泉涌般不断的智慧来随时补充进自己的头脑中。所以，肩负着培养下一代这个如此重任的教师们，想要做好工作，就必须掌握优秀教师的第一个基本功——掌握知识的基本功。

第一节　做知识的富翁

　　在这个处处都离不开知识的社会里，家长们已经意识到：以后没有知识的人是无法生存在这个社会中的，所以，望子成龙的家长们想让自己的孩子得到最好的教育，赢在起跑线上。随着各种启发智力的书籍、促进智力增长的补品、甚至还没出生就开始的胎教蜂拥而上，再加上我们又身处在信息如此快速传播的时代，这些都无限大地开拓了孩子们的眼界，使孩子的智力发展的越来越早、智力水平也越来越高，独立思考能力也在逐步增强。

　　所以，教师们的压力是越来越大，孩子们在仰视、尊重教师的时候也在无时无刻地进行着审视，在心里给教师们打着分数。在他们的心目中，教师就是"十万个为什么"的答案，是智慧的化身，是在知识的海洋里无所不能的神。有了此种观念，就不能容忍教师的无知与无能，哪怕是偶尔的。所以，从"教"的方面看，对教师知识的需求程度永远都是一个无底洞。

　　孩子们思维的开阔、想法的奇特，有时提出的问题连教师都不能解决，这对教师是最大的挑战，又不失为一个更大的机遇——在学生们千奇百怪的问题中，为了保住在他们心中崇高、伟大的智慧化身的形象，也要逼着自己不断地学习知识、充实自己。所以，教师的知识储备必须紧跟时代发展的步伐，不然就会落后于社会，甚至落后于学生。

　　一次联欢会上。老师和学生一起做"转盘游戏"，规则是转盘指针指向谁，谁就抽签解答签上的问题。当转盘指针指向这位老师时，他抽出一张签，内容是：请你唱下面的乐谱，并说出它的歌曲名称。这时主持人略有担心地小声问道："老师，您行吗？是不是给您换一张签？"因为主持人知道这位老师并不是教音乐的，怕老师在学生面前尴尬。

老师的回答却令他出乎意外："我试试吧。"老师定了定神，然后流利地把上面的乐谱唱了下来，并说出这首歌的名称。说完，教室里响起了一阵掌声，学生们流露出崇拜和赞赏的眼光。

优秀的教师就是体现在教师对自己各方面知识和素质的较高期待和要求上，不单单对自己所学的专业要熟悉、掌握，对其他方面的知识也要全面了解。

而学生们也是更喜欢和知识渊博、有亲和力的教师打交道。现在的学生不会因为你是教师便信任和尊敬你，而是会根据教师的学识再采取不同的态度。孩子年龄越小，他们对教师的期望就越高，他们认为老师无所不能，简直把教师当成了百科全书，随时都准备了无数个"为什么"，一有机会就会问个不停。如果教师并不是如他们想象的那样充满智慧，而是一问三不知，他们就会非常失望，这位教师也就很难被学生所接纳。

所以，教师要完善自己的知识结构，如果只限于自己所学专业那一部分知识，不及时地用全新的教育理论充实头脑，不主动地去丰富自己的知识储备，那么很快就会落后于这个时代，无法适应未来的发展变化，也就无法再有资格做一名优秀的教师。

所以，在知识面前，教师一定要使自己成为一个富有的人。

新形势下，教师需要不断地努力充电，刻苦钻研，不管是本专业还是其他专业，都要争取把知识的掌握做到"精"和"博"。如果在知识面前，自己都抬不起头来的话，也就别谈什么"传道授业解惑"了。

我们看那些把教学活动搞得红红火火的教师，他们无一不是学问精深的代表。但学问精深的教师却不一定是教学成绩明显，适应时代需要的教师，这固然与前边提到的观念的转变至关重要，同时也与教师知识是否广博密切相关。教师一方面要具备专业学科知识，同时还应具备新

第一章 掌握知识的基本功

时代、新形势下一些快速更新的知识。现代社会，知识更新的速度是前所未有的，教师如果对新知识、新信息一无所知，那就会成为一潭死水，就会被社会淘汰。

那么，怎么才能在知识面前变得富有起来呢？

一、树立终身学习的理念

终身教育、终身学习，是当今世界的主流和未来教育发展的方向。作为教师，更是应该将此树立为终身的奋斗理念。而这个理念也同时对于教师具有特殊的意义。教育是培养人的活动，主要目的是多出人才、出好人才。

而教育的对象是常新的，每一批的学生都有所不同、每个学生也都有自己的特点，这就要求教师要对教学方法不断进行调整；教育的内容也是常新的，日新月异的科技进步和社会发展对教学内容不断注入新的成分。不进则退，慢进也是退，教师一生都始终处于学习和完善的过程之中。

因此，教师们必须更新观念，必须意识到终身学习时代已经到来，必须不断更新自己的知识和能力，因为单凭原来的知识已很难适应信息社会对教育的要求。

二、坚持自主、主动地专业发展，提升自己的教学水平

教师专业发展是建立在教师自主、主动地寻求自我发展基础之上的，只有积极的学习态度才能使学习效率最大化。在这样的发展过程中，教育教学的实践活动具有突出重要的作用。要在学习中取得事半功倍的成效，都应当是在教育实践中进行，与学校日常生活联系在一起，与身边的教学，与生动活泼的学生的变化联系在一起。

1. 在总结经验中提升自己

教师专业发展是一个不断积累提高的过程，教师的专业技能更多是一种实践的技能，这样的技能更需要在教育实践中形成和发展，但相同

的教育实践对不同教师的专业发展带来的影响并不同，教师在实践中的提高很大程度上决定于本人对实践的反思，决定于是否善于不断在经验中提高自己。教材是文本，是传承文化的有形载体，课堂就是教师、学生、文本之间对话的场所。让充满灵性的人与静态的文本碰撞出智慧的火花，是教师应该追求的目标。

2. 在师生交往中发展自己

教学是一种双向互动的活动，在这种互动中不仅学生获益，教师本人也得到提高。教师的教导使学生得到发展，而学生提出问题和要求，又促使教师继续学习、不断进步。有不懂的问题，教师也不要太过受挫，应勇于承认自己的无知，要建立一种师生学习的共同体，在师生交往中与学生同时提高，在发展学生的同时，自身的专业也得到发展。

3. 在借鉴他人中完善自己

教师的专业发展需要不断吸取别人的经验，需要借鉴和学习别人的成果。教师专业发展必须善于利用现代信息手段，要学会欣赏和借鉴别人的创造，只有这样才能适应时代的要求，促进自己的更快发展。

4. 在理性认识中丰富自己

现代教师的工作早已超越了经验阶段，教师的工作需要经验的积累，更需要在理论指导下的教育实践活动，没有一定教育理论基础就难以胜任现代教师的工作，这无疑也是现代教师需要专业化的重要原因。教育理论是对教育实践活动的理性认识，没有教育理论指导的教学实践不可能实现教师的专业化、优秀化。

要当好一名优秀教师，最忌孤陋寡闻、眼界狭窄，除此之外还应具备丰富的跨学科的知识，掌握现代科学技术发展的新动向。

只有综合素质较高的教师，才能真正成为教育、教学活动的成功的组织者和领路人；只有具备一定综合知识底蕴和丰富内涵的教师，才能真正使学生积极接受教师的教导和指引。面向新时代，要培养全面发展的高素质人才，更要求教师一专多能，多才多艺，不仅传道、授业、解惑，更应会启迪、开发、创新。教师只有成为知识的"富豪"，才能以

学识征服学生，为成为优秀教师打下良好的基础。

第二节　教书，先读书

　　为什么读书？或许有一万个理由。但作为教师，只需要两个，就足以让你拿起书本读起来，一是补给自己；二是传递给学生。教书育人，教的是什么？又拿什么来育人？只有书籍才能给出答案。二者互为因果、缺一不可。

　　当教师遇到困难的时候，教师当然可以通过自我反思的方式来解决相关的问题。只是有的时候，教师仅仅凭借个人的经验，并不能解决问题，当教师凭借个人经验无法解决问题时，教师需要获得他人的经验和智慧的支持。他人的经验和智慧往往最多的时候保存在书本中。教师就可以通过阅读来获得专业支持。书籍不可不被誉为前进成长的最佳捷径。

　　所以说，书籍是教师最好的朋友更是最好的搭档。

　　高尔基说："书籍是人类进步的阶梯。"离开了书籍，人类不可能进步，因为书籍是思想的宝库，书籍是智慧的魔盒。而教师作为人类打开魔盒的开启人，就要先要找到开启魔盒的钥匙，要自己先读懂书。

　　所以，作为教师，想要尽快地打开知识的魔盒，就要了解怎样才能又快又有效率的读懂一本书。因此，苏霍姆林斯基给教师的一百条建议中，有一条重要的建议就是："读书，读书，再读书。"

　　可是有的教师总是很忙，忙得几乎没有了读书的时间。教师曾经是"读书人"，一旦作了教师之后，却少有人还在延续"读书"的生活习惯和保持"读书人"的身份。

在时下的教育中，教师们疲于应付烦琐的教育教学事务，有心读书的教师在逐步减少，有阅读计划的教师也在减少。即使是读书，也仅仅是读考试之书，读教参之书，读应景之书，这不能不说是一种遗憾。

近几年来，人们总是用一个概念来描述一线教师的教育生活状态，那就是所谓的"职业倦怠"。"职业倦怠"就是缺少了职业的激情，缺失了职业的新鲜刺激，缺乏了职业的理想或梦想，失去了对卓越的追求，失去了真我的深刻职业理解和情感体验。学校也是一个职场领域，教师也就同样会有最为职业人所经历的"职业倦怠"。

"职业倦怠"可以说是专业领域中的一种自我麻醉、自我迷失、自我放弃的结果，是一种精神萎靡、思想停滞、无精打采的状态。对于教师就是停止读书、停止吸取更多的知识养分。用自己的"老本"送走一批又一批的学生，坐吃山空。

怎样走出这片尴尬境地？路，只有一条，那就是阅读，用阅读来拯救自己、丰富自己、滋养自己。阅读，应当成为教师的一种精神生活，更是教师教书育人的一个重要法宝。当然，阅读谁都需要，但对于教师来说，却最为迫切。

有人说，教师的另一种身份应该是"职业读书人"。读书是教师的第二个职业。教师似乎生来就与书籍建立了一种天然的出于本能的联系。因为对于老师来说，书籍真的会为其提供一种真正的专业的价值。所以，教师一定要把读书培养成自身的一种本能。

什么是本能？它是一种典型的、刻板的、是一种固定模式行动的行为模式。要把阅读培养成教师的一种本能，就如同蜘蛛结网、鸟儿筑巢一样。

我们许多教师开始工作时，基本是站在同一条起跑线上，但几年后业务上就拉开了距离。落后者一个很重要的原因就是，在业余时间没有养成读书学习的本能。

通过读书修炼出自己，从内心深处产生并与自己浑然一体的理念。

这样，你所有的教育教学行为都将是别人羡慕的想模仿和借鉴的方式方法。这时的你，自然也就成就了"优秀"。

要把读书当作第一精神需要，当作饥饿者的食物。教师的读书是整个教育的前提，更是学生读书的前提。

那么，教师应该怎样读书，才是会读书呢？

一、要有计划地阅读

教师读书要有计划、不要盲从。不要稍有时间就拼命的读书，忙起来的话就一本也不碰。更不要，随便拿一本什么书都读。书籍的数量何其多，是否都要依次读上一读。如果这样的话，恐怕花上我们一辈子的时间都不够用。

教师要想从其中获取最大收效，就要有选择、有计划的选书、读书。同时还要限定时间，最好以每个学期为一个时间段。系统地读一两本教育专业著作，并对自己所从事的专业领域保持高度关注，充分占有该领域的新信息、新观念、新策略、新问题。随时把最新的教育理念传递给学生。

二、边读边思

一口气、流水账似的只是在脑中过一遍，是没有什么帮助的。因为这种走马观花的看法几乎留不下什么印象。想要真的在书中有所收获，就要带着问题地进行阅读，边读着边思考边解决问题。阅读不是休闲，而是思考。带着问题阅读，能够极大提高阅读的目的和效率。会使人大大的提高从书中所得的收获。

三、做好读书笔记

好记性敌不过烂笔头。在读书的过程中，要把能够引发自己思考的观点记下来，把自己的理解写下来，把自己的思考写下来，把自己的困惑写下来。再从书中找寻答案，逐一解决。由于条理清晰，以后查阅的

话也会更加方便

四、进行交流与分享

古人云："独学而无友，则孤陋而寡闻。"阅读需要交流，需要分享。要交流阅读的体会，分享阅读的快乐。众人拾柴火焰高，读书就是为了得到知识，从别人那里获取，但要达到了同样的目的，就也是一种捷径。而且还是更为省时省力的捷径。

那么，教师又应该读哪些书呢？

作为专业的教师，应该具有与其专业相配套的"专业知识结构"。教师的专业知识结构，应该包括三个方面的内容："本体性知识、条件性知识和实践性知识。"分别要通过书籍对其进行深化、丰富、强化。这种专业知识结构不但要依照教师专用书，更要广泛吸引知识层面更加广泛的书籍。通过书籍我们教师应该对前者进行深化，对后者也要进行丰富。

本体性知识是教师所具有的特定的学科知识，也就是人们所熟知的专业知识，如语文教师对语文学科的知识掌握程度、数学教师对数学学科的研究等等，它是教学活动展开的基础。学生到学校中进行九年义务教育，主要学习的就是这些，本体性知识只能在教师的传授下才能获取知识。所以，它在教师的教学生涯中起到的是核心作用。

一个小学生都能学习几种语言，老师为什么不能多方面扩充、更新一下自己的知识层面？仅仅局限于自己学生时代的"老本"，必然会落后也会遭到淘汰。而一个不能立足于学科前言知识的教师，对于学科教学的理解必然会肤浅。知识也会更新换代，我们用书本上的知识再来推翻更新书本。这样，社会才会发展下去。这一切都是从读书获取。

条件性知识是关于"怎么教"的知识，或者说是教育学理论、学科教师的理论知识，教师应用条件性知识，促使本体性知识成为学生的个人知识。教育理论的发展也是日新月异，教育观念需要不断更新，这就需要教师要摄取的知识要更广发一些。近年来，越来越重视教师的条

件性知识，并将它作为教师继续教育的一项重要内容。而条件性知识的丰富，首先依赖的就是教师的阅读。

实践性知识是教师在教育学活动过程中解决具体问题的知识，带有明显的情景性、个体性。有经验的优秀教师，他们面对内在不确定性的复杂的教学情景是能做出快速、准确的解释和决定，能在思考以后才去适宜于各种特殊情景的行为。而读书是促进实践性知识的前提，通过阅读，教师的话语水平提升了，教师的教育理解力提升了，教师的实践性知识也就会得到强化。

读书是教师善于学习的最好表现。读书不但能够帮助我们领悟很深的知识，明白做人的道理，更能了解人类历史的进程，令我们更有智慧去面对、克服困难。所以，读书应该成为我们教师的一种好本能。让读书成为本能，可以创造生命的神奇，使人的思想"神采飞扬"。

中国谚语说："书中自有黄金屋，书中自有颜如玉。"在中国古代，黄金和宝玉，一个代表尊，一个代表贵。这就足以说明，只有在书籍之中才能获得尊贵。读书使人们的心灵得到净化、财富得到增长。当你面对困惑和苦恼的时候，去读书吧！书籍能够帮你解开千千心结，毛姆告诉你和我："养成阅读的习惯等于为自己筑起一个避难所，几乎可以避免生命中所有的灾难。"无论我们在生活中遇到什么样的问题，都可以通过阅读来开拓胸襟，拓展思路，都可以用阅读来拯救自己。

一个优秀的教师要把读书当成一种生活、一种品质、一种思索、一种解脱、更是对学生的一种责任。

第三节　给自己准备一桶水

"给学生一杯水，教师要有一桶水"，这句至理名言用"水"来比喻教师要教给学生一定的知识，相对于学生获得的"杯水"知识，教师必须拥有十倍、百倍于学生的"桶水"知识，它从知识的角度，说明教师不是随便可以当的。作为教师，如果知识太贫乏，恐怕会要影响学生们对知识的吸取，甚至会误人子弟。从个人角度看，如果教师不充分预备出一桶水来，被求知欲望强烈的学生"问住"了，那么，在学生们心中的形象也就大打折扣了。所以准备一桶水是非常有必要的。

刚刚进入教师这一职业的李老师在给学生们上《观察蜗牛》就深刻地体会到了没有准备"桶水"的尴尬。

其实，在上这堂课之前，李老师很是做了一番准备。为了上好这节课，还查了大量参考书，在网上搜集了些关于蜗牛的知识。

刚进课堂，就看见差不多所有学生的桌上都放着小瓶子，透明瓶子里都装着蜗牛，有些同学的瓶子里装满了蜗牛。学生们对这个小动物充满了好奇，不停地用眼睛左看看右看看，盯着不放，更是用求知的眼睛紧紧盯着李老师，屏住呼吸争取不漏掉李老师的每一句话。

课堂的节奏有条不紊地继续着。

这节课一直到快结束的时候都是按照李老师预设的那样顺利的进行着。同学们被这一个个蠕动的蜗牛激起了浓厚的学习兴趣，集中了全部的注意力全神贯注的听着老师的讲解。李老师尽心尽力地讲解，让学生了解了关于蜗牛的习性、生活习惯等等。又分小组观察了蜗牛，画出了

蜗牛，使学生更加了解了蜗牛的构造。学生观察的兴趣盎然，小组成员围着蜗牛激烈地交流各自的发现。汇报的时候学生非常踊跃地把他们的发现说了出来，汇报的学生没有提到的，其他学生也积极的补充。

李老师想这节课的教学目标一定能够很好的达成了。再次分部位的仔细观察，让学生把各部分的特征观察清楚并记录下来，学生表现得很不错，边观察边记录，观察结束后让学生上去汇报。

这时候，班级里的最喜欢提问的孟欣欣把他自己的手高高地举起，用他的大眼睛紧紧地盯着李老师，"老师，书上这幅蜗牛的图片上，为什么蜗牛壳的旁边有两个小洞呢？"他好奇地看看书上，很希望老师能给他个答案。李老师看了看书上，真的有，而且是很明显。这时候，大部分的学生也被吸引了注意力，仔细地观察这幅蜗牛的图。"真的耶，是有两个洞，我在蜗牛的身上怎么没有发现呢！"看来学生们也不知道是什么，同学们开始有些波动了。

这时候，李老师一下有点懵了，看参考和资料的时候没有关于这两个洞的说明啊！这只是巧合吗？还是图片的问题？就这样结束这个问题吗？自己备课的时候也没有发现，所以也没有去查找一下这方面的资料。该怎么引导呢？自己不清楚的问题，不可能随便回答他，学生又开始纷纷议论了，课堂秩序一下乱了起来，"先请坐，孟欣欣同学观察的很仔细，其他同学有没有发现？"同学们停下议论，开始观察起书上的图，孟欣欣虽然坐下了，可是还是很不满足的样子。

怎么办呢？李老师虽然恢复了镇定，但一时之间也没有引导学生的方法。想起来一招，科学课有课后后续作业的，就把这当作今天的后续作业，等下课后好好查查，下节课再引导学生去观察。"同学们，有谁知道这两个洞是蜗牛的什么呢？"学生都很茫然，"这个问题老师就当作是今天的回家作业，请同学们回家用自己的方法得到答案。你想想可以用什么方法呢？"学生有的说上网，有的说问家长，有的说自己继续观察，查书等等。李老师又指导了学生查资料的方法和途径，让学生准备下节课交流。

李老师下了课之后赶紧查资料，原来是蜗牛的肛门和气孔。这时候想起上课的时候，有点后怕，当时如果把这个问题当成是图片不清楚或其他的忽略不谈，对学生的打击会多大啊。对于这个问题还和同是科学学科教师的同学讨论了下。

到了下节课上，李老师先表扬了孟欣欣观察的仔细，研究精神十分可贵！接着学生们各抒己见，汇报了自己查的结果。对于不清楚的地方，李老师又补充了一下，看着学生满意的神色，才终于松了口气。

这个案例中的李老师虽然在课前做了些准备，但明显不足。还远远没有达到"一桶水"的标准。庆幸的是在自己不懂的情况下，很巧妙地把回答问题的时间拖后，借机找到答案。否则不能保证，同学们下次遇到问题时还会把渴望的眼神投给他吗？

日新月异的时代变迁下，"给学生一杯水，教师要有一桶水"这句至理名言还是很有生命力的，并且随着时间的推移也被赋予了更深的内涵。

一、"水"质要发生变化

学生在学校里面得到的这杯"水"，不再是单一的知识，而应当包括知识以外的一切技能，以及与学生生命休戚相关的情感、态度、价值观等。这无形中又更加增加了教师的难度。为学生准备的"一桶水"里，除了知识还要多多倾注自己的情感。仅仅给学生知识是远远不够的。

二、视学生取"水"的杯子情况，每天为学生准备"一桶水"

同一个班级，几十个学生，不要求一种统一规格的杯子。每个学生每天的需"水"量不同，如果不从学生的实际出发，每天谁都是一杯"水"下肚，需"水"量小的学生会受不了，需"水"量大的学生则会出现口渴状况。所以，教师每天准备的"一桶水"保证全班学生喝好就行。"水"少了学生喝不好，多了学生不会觉得"水"的珍贵。

第一章 掌握知识的基本功

三、每天为学生准备一桶新的适应学生喝的"水"

学生是活生生的人，他们的身心每天都会发生变化，每天的生活都是全新的，每天学的知识是新的，情感体验不同，每天对知识、技能的需要也不同。因此，教师每天必须从学生的学习实际出发，根据教学标准的要求，选好教学材料，选择好的教学手段和方法，以一种全新的观念引导、帮助学生搞好学习。哪怕是你曾经教过多遍的材料，教育的对象变了，时间变了，环境变了，要求变了，一切都变了。所以，不能为学生准备多年前的"陈水"。

四、"给学生一杯水"的方法要变化

再也不是老师给，学生接的方法去让学生得到"一杯水"。而应当是老师给出"一桶水"，让学生采取不同的方法去取到"一杯水"。学生可以是杯子舀，可以是吸管吸，也可以是用杯子去接。得到"水"的过程中，强调学生的相互合作，在不包办代替，不损害他人利益的前提下，只要学生能够得到"一杯水"，什么方法都行，当然。教师也应该帮助和指导学生的方法。

想要成为一名优秀教师，就要努力正视学生递到面前的杯子，满足学生们的求知欲望，不但要倒满面前的杯子，更要随时准备好盛满知识的水桶，而且还要保持任何时候都是源源不断的"长流水"。唯有这样，才能不误人子弟，才能始终不愧于优秀教师这个称号。

优秀教师的10项基本功

第四节　做"空杯"教师

武术家李小龙有一句话令人感触颇深："如果我不时常清空'杯子'，我怎么能创造一个新的拳种？"

是的，李小龙并不因为自己拥有扎实的洪拳和咏春拳的基本功而故步自封、停滞不前，他并不因为自己曾获得过香港武术冠军而沾沾自喜、骄傲自满。相反，李小龙为实现自己创造新拳种的远大目标而不断地吐故纳新、推陈出新。成绩和荣誉并没有成为李小龙前进道路上的羁绊和阻碍，为什么？就因为李小龙的"杯子"时常是空的。

把"杯子放空"又何尝不是教育事业要时刻做的工作！想做个优秀教师就更是要如此。所谓"书山有路，学海无涯"。知识在不断的更新变化，教师就更不应该永远只守着一个杯子中的水了。教师的"杯子"长久处于装满状态，那是相当可笑和危险的。因为这无异于是目光短浅、孤陋寡闻的井底之蛙。想要适应课程改革的需要，适应学生们不断升级的求知欲望，就要不断学习、不断进步、不断清空自己。做"空杯"教师。

因为一个装满水的杯子很难、或者不可能再接纳新东西，而且也不能保证目前杯中所有的东西能应付一切问题，成为一个教师整个生涯的万能通行证。

要想再接纳新的事物，只有将心倒空了，才会有外在的松手和放下，才能拥有更大的成功与辉煌。这是每个想要不断前进教师所必须拥有的最重要的心态。不断把自己倒空，做空杯教师。

要做空杯教师，关键要有空杯心态。

什么是空杯心态？就是要将心里的"杯子"倒空，将自己所重视、在乎的很多东西以及曾经辉煌的过去从心态上彻底清空。说起来容易，做起来却不是那么的轻松自然。比起能够轻易地放掉失意，人更多的时候还是不能轻易忘却曾经的荣誉。

曾经有一位学者向一位著名的禅师问禅，学者一见禅师，就滔滔不绝地说开了。禅师没有说话，只是静静地以茶相待。他把茶水缓缓注入这个学者的杯子里，一直到杯子满了。禅师停下看了一眼这位学者，学者并没有急着去喝茶。

稍后禅师又继续注水，这位学者眼睁睁地望着茶水绵绵不断地溢出杯子，一直流到桌子上到处都是，他忍不的说"大师，茶水已经溢出来了，请不要再倒了。"

禅师说："你就像这只杯子一样，脑子里装满了你自己的想法，你如果不先把自己的'杯子'空掉，叫我如何对你说禅？"

可见装满了水的杯子，是倒不进新东西的。

当我们有了一些成就时，难免容易自满，止步不前，那样就永远也不会提升。只有放低自己的心态，否定自我，用空的心去学习，才能使自己不断地进步。

对于杯子的三种状态，也就会出现相应的三种命运：主动"空杯"的人，必然会有最大最快的发展；被动"空杯"的人，小有发展，但发展的速度和强度会大打折扣；拒绝"空杯"的人，要么停滞不前、倒退，要么成为他人的绊脚石。

人只有能够预见结果，才能开始重视过程。作为一名教师，如果你拥有不俗的才华，又善于拼搏，就一定能在学生们、同事们、领导们心中，取得相应的地位与名誉，才能成为优秀教师。越是这个时候，就越需要有否定自己的勇气和不断开拓的勇气。人通常很容易在这个时候停滞不前，只因为这个时候依然舍不得离开名气的温床上过舒坦的日子。

能够舍去荣耀从零开始，并不是每个人都能做到的。它横挡在每个人的心中，也正因为如此才铸就了普通与优秀的区分。

否定自我，就是一个不断归零的过程；否定自我，就是再次选择布满荆棘的探索之路。这需要勇气。在教育研究的道路上，你什么时候停止了对自己的否定和超越，也就停止了进步的延续。教育研究随时代的步伐永不停息，你一停止，就会被时代甩在后面。

否定自我就不能封闭自我，永远以学习的心态敞开自我，接受他人的思想和观点。一个人成长到一定的程度，会拥有自己的思想体系，这个思想体系是他存在的确证，但是，这个思想体系也可以将他包围起来、隔绝起来，难以接受新的东西，就像一个盛满东西的器皿，再也装不进新的东西。勇于否定自我的人，往往具有奋进的激情，也常会有新的教学研究成果出现，从教育心态来讲，他们永远年轻，永远青春。

第一章 掌握知识的基本功

第二章
处理教材的基本功

在传统的教学中，教师往往把教材当成学生学习的唯一工具，教师牵着学生的鼻子去学教材、"钻"教材，甚至去背教材。无疑，教材已经被神化了、绝对化了，教学变成了教书。教师教起来机械、学生学起来也乏味。优秀教师则不是教教材，而是用教材教。教学不再以本为本、把教材作为"圣经"解读，而是强调书本知识向生活回归，向学生经验回归，注重对教材的多样化解读。

教师应该掌握的一项基本功是对教材的处理能力，这需要教师对教材进行补充、延伸、拓宽、重组，同时鼓励学生对教材的质疑和超越。教师的教学活动，应该是具有创造性的劳动，体现在使用、处理教材方面时，一要结合本地区、本校学生的生活实际；二要结合最新科技发展，使之具有时代性；三要考虑怎样进行教学设计，才能更加符合学生的认知水平和习惯；四要考虑怎样处理教材，才能使学生的知识技能、过程与方法、情感态度和价值观得到更好的发展。

第一节　磨刀不误砍柴工

　　诚然，上课对每个老师来说都是家常便饭，每天都要面对三尺讲台，但如何能上好一节完美的课？如何让自己的每节课都可以变得富有成效呢？就像一个人上山砍柴一样，如何能砍的有质量又有效率呢？

　　所谓"凡事预则立，不预则废"，也就是有备而来，有备无患。作为教师，就是要课前进行精心的预设，才能在课堂上为学生们做出精彩的知识呈现。简单地说，教师课前到底要做什么？必须要做什么？答案就是备课。

　　备课是指教师在课堂教学之前进行的设计准备工作，即教师根据课程标准的要求和本门课程的特点，结合学生的具体情况，对教材内容作教法上的加工和处理，选择合适的教学方式方法，规划教学活动。也就是所说的砍柴之前的磨刀准备过程。

　　职场如战场，教师的职场就是学校这个环境，而这三尺讲台就是教师的战场，想大获全胜还得把武器准备妥当。备课首当其冲地成为了教学质量提高的利器，是教师攀越教育高峰的阶梯。

　　充分备课是上好课的前提，提高课堂教学质量和效果，首先要抓好备课这一环。教学实践表明，教师在备课上所花工夫的多少直接影响授课的质量。

　　一位教师在讲授《麻雀》一课时，有学生提出这样一个问题："老师，为什么课文中是一种强大的力量使它飞下来，而不是爱的力量？"

　　这个问题是教师始料不度的，因为她始终在讲母爱教育。经过深入

思考，学生提出了这个深刻的问题，但教师不知如何处理。结果是最后不了了之。

如果这位老师在课前做足了充分备课准备的话，了解俄国作家屠格涅夫写此作品的历史背景，知道文章所表达的主题是弱小力量奋起反抗强暴的思想，那么这个问题就会得到解决。

还有一位教师在讲古诗时，有位学生提出一个问题，问：为什么我们学习的古诗都是五言七言诗，怎么没有四言六言诗？这个问题提得多好，但教师的回答却让人感到失望。教师说，"等着你去写呢。"

这种敷衍学生的做法是不合适的，而且敷衍中带着一种不屑。如果教师具有一定的文化素养，又认真地备了课，那么就可以简单介绍一下律诗的发展形成，学生会惊喜地得到意外的收获。如果不具备这方面的知识，还可以退一步，和学生共同查找资料来解决问题。

可见备课是教师进行教学活动的首要环节，是整个教学活动的前提和保障，质量的好坏直接影响教师的教学效率和学生的学习效果。想成为优秀教师的话，备课更是重要到成为教师必不可少需要掌握的一项基本功。上一则案例说明了教师因备课不充分而导致不能善待学生提问，值得每位教师深深体味之中的含义。

要备好一节课，也是有讲究在里面的，需要教师掌握以下几个基本环节：

一、备教材

备教材包括钻研课程标准、教材和教学参考书，了解本门课程的教学目的、任务和要求，了解教材的结构体系及其与前后课程的关系，明确教材的重难点，并借助有关参考书弄清疑难之处和有关问题的来龙去脉。

另外，教材对学生来说，有可能会出现太难、太偏、太陈旧等问题，甚至难免会有错误。这就要求教师带着疑问备课，即备教材知识时认真思考：概念表述是否科学、例题展示过程是否繁琐、事例是否陈旧等问题，并要及时查阅最新的相关资料，找到解决问题的办法。

二、备学生

充分了解学生，这对上好课尤为重要。治标更要治本，教学事业也是一样，要提高学生的学习成绩就要彻底改变学生的学习方式、确定学生在课程中的主体地位，建立自主、探索、发现、研究以及合作学习的机制。而要达到这一要求，必须充分了解学生，找准教学的起点。我们以"利息的计算"为例，课前教师可以找一些学生问一问，看学生知不知道存款是怎么回事？什么是"本金"？什么是"利息"？什么是"利率"？什么是"利息税"？还要了解学生对百分数应用题的掌握情况等等。

三、备教法

就是解决如何教的问题，选择恰当的教学手段和教学方法以实现教学目标。在每个教学环节，采用什么教法和学法最省时有效，在备课时教师就要选定好。恰当的教学方法符合学生的认知规律、使学生可以接受，最终实现预期的教学目标并收到好的教学效果。

四、备疑问

也就是教师应从学生的角度带着学生可能提出的疑问备课。教师只有了解自己的学生，从学生学习的角度去思考所要教学的内容，备课才会有针对性，上课时才不会出现学生提问导致教师因答不上来而难堪的课堂情境。

备课时，教师应多考虑一下：在这个知识点上，学生可能提出什么问题？如果学生提出的问题可以由其他学生帮助解决，那么"我"该如何设计学生的活动？如果学生提出的问题与教材的这部分知识没有直接关系，"我"该如何回答？怎样引导？如果学生提出的问题是"我"始料未及的。也是"我"掌握的知识所难以正确回答的，"我"该怎么

办？只有经常地思考这些问题，教师的备课才会是高质量的，课堂教学也才会更具活力，更有实效。要"精心备课"，更要"精心设计"这才是一个优秀教师应该必备的基本功。

备课是一个老话题，也是一个常新课题。在不同的时期会有不同的要求。以往教师备课，多是根据教材、教参和学生的认知情况进行设计、编写，甚至连提问学生的答案都准备好了。如果现在的教师仍抱着这样的态度，思想就有些落后了，更别提能够成为一个优秀教师了。这种墨守成规的教育方式即使把自己的良知应付过去，学生们也不会接受的。

其实教师的备课过程同时也是教师把可能的教学能力转化为现实的教学能力的过程。作为教师，都具备一定的专业文化水平，都或高或低的具备一定的教学能力，但这只是教师教好课的可能条件。只具备这些可能条件甚至较好的条件，如果不去备课，就不能形成某一内容的实际教学能力，也就不能顺利完成教学任务，不能使可能的教学能力得到充分的灵活发挥

许多教师把备课当成一个对自己毫无益处的麻烦差事。其实不然，备课作为教师课前准备的过程，亦是教师提高知识水平和教学能力、总结教学经验的过程。教师通过一次次的收集资料，一遍遍的处理教材、确定教法，专业水平和教学设计能力就必然会得到提高。

第二节　教材的二次加工

　　教师和学生共同的朋友可以说就是教材了，教材是谁也离不开的教学、学习工具。教师更是把它视为根本，为教科书是从。但真要就此视它为检验真理的唯一标准吗？

　　不可否认，教材是课堂教学的知识载体，是教师进行教学的基本材料和学生认识世界的媒体，也是师生双边活动的主要依据。教师是应该尊重、充分利用手中的教材。但值得注意的是：单单照着教材"照本宣科"是远远不够的。在依赖教材的同时更应该要做教材的开发者、决策者和创造者。

　　对教材做二次加工这个环节是必不可少的。优秀教师会抓住教材的本质，对教材进行适度开发，目的是更加激发学生的学习兴趣和潜能。深入地分析教材和全面地掌握教材是课堂教学设计的基础，是取得良好教学效果的前提条件。大量实践证明，只有对教材进行深入细致的钻研，真正领会教材的实质，对教材的处理符合学生的认识规律，才能促进学生的学习，取得良好的教学效果。

　　叶圣陶先生说过："教材无非是个例子。它只能作为教课的依据，要教得好，使学生受益，还要靠教师善于运用。"一方面教师要站在学生的角度来审视教材、处理教材、运用教材，让教材为学生的发展服务。这就要求教师在认真阅读、全面分析、融会贯通教材的基础上，根据学生的认知水平和心理特点，把教材的文字系统转化为适合学生接受和有利于学生发展的教学活动系统。另一方面教师应多角度钻研教材，

创造性地理解和使用教材，要尽可能地由教材的"复制者"转变为教材的"创造者"，要根据自己学生的实际情况和课程标准的要求，对自己使用的教材做出适当的裁剪，从教教科书向用教科书转变，加深、拓宽课程的内涵和外延，从而达到最好的教学效果。

教师对教材的创造性使用可以从以下几个方面进行：

一、教材内容生活化

要对教材二次加工首先就要从教材和学生生活密切联系的方面所着手，打通科学世界和生活世界的隔阂，使教材内容生活化。让学生感受到知识在生活中的意义，从而激发学生的学习热情和学习动机，使学生在学习过程中获得经验和体验，让学生在获得知识技能的同时，培养学生良好的情感态度价值观。教材内容生活化是教材不仅更适应学生心理需求，而且促进了理论和实践有机结合。

如何把枯燥的经典内容与学生实际结合起来，需要教师对教材从理论转化为要有所创新，这无疑是对优秀教师的一个巨大考验。

二、教材内容问题化

学生学习的过程是一个不断发展问题、分析问题、解决问题的过程。需要教师对教材进行问题化处理，把教材内容设置为由"一根红线"作为线索"链接"起来的问题。在教学中启发引导方式逐步地解决一个个问题，并注重在引导学生解决问题的过程中产生的各种"奇异"想法，发出"不同声音"，从而将教学引向伸出，引向创新生成。

三、教材内容活动化

教材所显现的是理性的冷冰冰的"死"知识，要是知识变得鲜活，变得富有情感就必须通过学生的活动，具体操作，让各种"做"的活动中去体验，将知识吸收、升华，纳入到自己的知识体系当中。

教师对教材进行分析研究，是教师工作科学性的重要体现，是教师由"教书匠"向"教育家"华丽转型的关键一步。教材分析既是一个认知过程，又是一个创造过程。从认识论的角度来看，理解教材是一个由表及里、由浅入深、由此及彼、由部分到整体、由现象到本质的升华过程。从创造的角度来看，钻研教材也是一个深入探究、多向思维，捕捉灵感、开拓突破的创新过程。

总之，作为教师，一定要在不断地感悟、融合、创新中转变"以教材为本"的旧观念，确立"以人为本"的新理念，高瞻远瞩，把握教材编制的命脉，用好教材，科学地处理好教材，从而激发学生的学习兴趣和潜能，促使学生在知识、能力、情感态度、价值观等方面全面发展。

教学的过程其实是一个不断创造的过程，所以对教材的二次加工十分有必要。教师应该用自己独特的个性，把自己对教材内容的感悟、体验、激情、灵感和时代的现状、自己的经验结合在一起，再融合在教学过程中，不要把教材拿起来就用，要对教材进行重新钻研、处理，并与学生进行灵活的课堂交往。

第二章 处理教材的基本功

第三节　彻底远离"填鸭式"

所谓"填鸭式"就是把书本上的知识一味地灌输给学生，书上写什么，教师教什么；教师教什么，学生就得听什么、学什么。

如今的时代可不是读四书五经的时代，"填鸭式"、"满堂灌"等教学手段早已不适应教育的发展需要了。其实，对于这些过时的教育模式一直都存在着反对的声音，可是由于家长跟某些教师的望子成龙心切，"填鸭式"可谓是"野火烧不尽，春风吹又生"。

人的大脑天生有一种求知的欲望本能，大脑喜欢探求未知世界的东西。在学习过程中也是如此。学生们想要知道的东西很多，好奇心特别强。但是课堂上如果教师只是一味地"喋喋不休"，结果可是就会浪费了这种"天赐"的天分。

一味只顾着把大量的知识往学生们的脑子里塞，却从来没有衡量过孩子到底能不能全部吸收得了！还可能在一定程度上还引起来学生对学习的逆反心理。

看来再用过去的方法来教今天的学生，只能把一个个拥有天分的学生扼杀掉，把一个个学生变成只会死读书的"书呆子"。

所以，新时代下，我们又提出了与"填鸭式"相对的说法："要让学生跳起来摘桃子"、"要留一层窗户纸让学生去捅穿"等等。一个个通俗易懂的语句告诉我们要培养创造性人才，必须注意启发式、研究性、体验性的学习，改进教法。

有一位历史老师，刚到一个班的时候。发现许多学生不喜欢学历史。在讲了唐代这一朝代的文化发展历史之后，他给同学们布置了一道作业：把自己想象成唐朝人，此刻就生活在唐代，而且是一名报纸的主编，然后以现代的方式编写一份当时的报纸。

作业布置后，同学们开始一忙碌起来。为了编写好文章，他们重新阅读了历史课本中有关唐代的章节，还查阅了大量有关唐代的历史资料。为了让报纸看起来图文并茂，有的孩子还采集当时的名画复制到报纸上，有的为了让报道看上去真实，一再查阅当时的地名、城市名……

在完成作业过程中，同学们把课本上与自己生活毫无关系的、难记的人名、地名、历史事件等内容展现到了报纸上，无论时间过去多久，也不会再忘记了。

这件事以后，这位历史老师又接连不断地采取了更多教学方法，调动了同学们学习的兴趣，没过多久，全班同学无不痴迷于历史了。这位优秀的教师也受到了同学们的爱戴。

许多优秀教师在实践中创造了形式多样、行之有效的教学方法，比如主体教学法、情景体验教学法、游戏活动教学法、演讲教学法等等方法，都是以新课改理念为指导、关注学生的发展。

教学就如游戏一般有意思，数学、语文、外语、地理、历史……所有的学科，只要我们教师们用心研究，就可以把知识点融入游戏中，让孩子们在玩中学，或者说在学中玩，同时在教学中使自己的教学能力也逐步得到提高。

作为一名优秀教师就要认识到"填鸭式"教育模式的危害，并尝试着逐渐改变这种已有的现状，给孩子们一个良好的、健康的教学环境。当然，放弃"填鸭式"并不意味着彻底对学生们的学习生活放手。加以替代的是要建立一套完整、成熟的方法，更需要不断地探究、学习，最终引导学生们实现"自主"学习。

第二章　处理教材的基本功

第四节　让教材成为你的仆人

想让学生提高成绩要依托教材，要想让学生提高素质，从根本上来说还得靠学生"内化性"的自我教育，但是学生自主意识的觉醒与发展还是需要教师的主导性教育，首先还是需要教师脱离教材的束缚，完成自主性原则教学，让教材成为你的仆人。

教师对于教材的理解和运用程度，完全可以显示出教师的专业水平。优秀的教师往往对教材心领神会，始终保持一种忽远忽近的态度；缺乏经验的教师可能对教材唯命是从；还有一些既缺乏经验又缺乏责任心的教师则可能对教材持简单、轻率的态度，根本不理睬现有教材，完全凭自己的喜好另起炉灶。

所以，想要对得起教师这份崇高而又伟大的事业，对得起学生、家长，就得做优秀教师，在"吃透"了教材之后，一定要再"超越"教材。我们可以从龚老师执教的《圆明园》为例来理解这个过程。

一、立足于教材

首先需要认识清楚的是，超越教材的前提是立足于教材。

1. 引领学生进入文本现场

龚老师从文本提供的现场出发，以类似导游者的言语形式，带领学生"走进圆明园"，在圆明园中观察、体验、思考，又带领学生"走出圆明园"，对自己的游历进行反思。

在"走进圆明园"之前，龚老师用课件展示三副圆明园遗迹图，问学生："你看到了怎样的景象？"学生有的回答"一片大火"，有的回答"一片废墟"，有的回答"一片国耻"。龚老师没有给予评述，而是又让学生选择圆明园被烧毁的语段反复朗读，问学生"感受如何"，学生回答，"我感到十分悲痛"，"我感到十分可惜"。龚老师仍然没有给予评述。有了这样的形象铺垫和情感铺垫，学生就自然而然的"我觉得自己走进圆明园了"。在这一环节中，龚老师没有给予评述，没有引导拓展或挖掘，因为时机不到，火候不到。

在引导学生"走进圆明园"以后，龚老师反复强化学生的"亲历"心态。比如，龚老师课件展示圆明园景观"蓬莱瑶台"、"平湖秋色"、"雷峰夕照"等20处后，问学生："你喜欢哪处景观？""你打算在这里看多长时间？"让学生感觉景观就在眼前，自己身处现场。还有，"看完了吗？"、"咱们再走——"等提示话语穿插其间，更给学生以行为动态的暗示。

2. 引领学生进行画面想象

龚老师展示的圆明园景观等课件是作为让学生进行画面想象的引子，大量的画面想象是学生在老师的启发下，通过言语符号的解读产生的。比如，龚老师要求学生对"统统掠走"和"任意破坏"的情形进行画面想象，学生创造描述出这样的场景："字画古玩被一伙强盗塞在袋子里背走了，袋子装得满满的，奔跑的时候有一些掉在了地上。"、"金银玉器装在大车上，大车发出吱吱呀呀的响声。"、"一个强盗打开柜子，瞪大了惊喜的眼睛，张开了贪婪的嘴巴，手足慌乱，不知先拿哪些好。"、"拿不走的就用木棍砸，用石头砸，用刀子胡乱划破。"

学生在老师的引领下，根据个人生活经验、知识视野和对言语符号的感受理解，创造描述出生动的、具体的、可以诉诸感官的画面。

3. 引领学生深化情感体验

龚老师的教学语言情感饱满而富有张力和磁性，在执教《圆明园》的整个过程中，学生都处在龚老师营造的情绪场中。耻辱、沉痛、惋

第二章 处理教材的基本功

惜、愤怒、无奈、反思，随着不同语段的叙述和议论，各种情感要素在学生心灵中叠加着、融合着、生成着。这些都来自于窦老师的精心设计和艺术化的点拨。

比如，龚老师讲到圆明园"大火烧了三天三夜"时，问学生："一天一夜多少个小时？"学生答："24个小时。"又问："24个小时多少分钟？"学生答："1440分钟。"又问："24个小时多少个半分钟？"学生答："2880个半分钟。"又问："三天三夜是多少个半分钟？"学生答："8640个半分钟。"窦老师追问到此，略停，缓慢地说："同学们，要知道，烧毁一副名画是用不到半分钟的，三天三夜，到底烧毁了多少啊——请同学们静默半分钟。"学生在这半分钟里深化着也内化着情感体验，真是"此时无声胜有声"啊！

4. 引领学生落实基础知识

教学的基本任务，是要求教师对学生基础知识的落实。龚老师一上课，板书"圆明园"课题时，就要求学生在座位上书写"圆明园"三个字，落实笔画顺序；通过比较朗读，让学生体会"唐宋元明清"之间加顿号与不加顿号的区别；通过体会分析，让学生说出"大约一千七百年"中"大约"一词运用的严密；通过默读，让学生体会"不仅"、"还"关联词语提领的语句之间的逻辑关系。最值得称道的是一则改写训练：龚老师要求学生将原文中"圆明园的毁灭，是祖国文化史上不可估量的损失，也是世界文化史上不可估量的损失"一句话，改写为赞叹圆明园价值的话语。学生在稍作思考并经过发言交流后，将原句个别文字进行了替换和删减，写出了"圆明园的价值是祖国文化史上不可估量的，也是世界文化史上不可估量的"答案，完成了改写任务。

二、超越教材

经过以上的过程，基础知识就在不知不觉中落实到位。接下来，教师就应该努力实现对教材的超越。

1. 丰富教材

龚老师在执教《圆明园》一课时，将收集到的有关材料，"送进"词句、语段、篇章的理解、体味、思考过程中，使得文章内容饱满而厚重、细腻而生动，增大了言语的承载量，增强了表达的穿透力。

比如，当学到"圆明园是当时世界上最大的博物馆、艺术馆"一句时，龚老师简要介绍圆明园的占地面积，使得"最大"这一词语有了展开想象的凭借；当学到圆明园被烧毁，成了一片废墟时，龚老师课件展示李大钊的诗："圆明两度昆明劫，鹤发千年未忍归。一曲悲笳吹不尽，残灰犹共晚烟飞。"加深和拓展了原文凄凉、悲痛的情感域限。

龚老师在课堂上，还出示了若干图片，引用了小诗，和学生一起读了雨果《两个强盗走进了圆明园》的片段等等。

2. 延伸教材

一般来说，执教《圆明园》，在引导学生进行语言训练的同时，激发起学生的爱国主义情感，目标也就算达到了，但龚老师却在引导学生"走出圆明园"后出人意料，陡然一转，问学生："假如我们回到144年前，假如你是大臣，假如你是普通百姓，面对圆明园的毁灭，你会怎么做呢？"

一句发问后，学生们纷纷举手，有的说："假如我是大臣，一定要求皇帝，多多派兵，增援圆明园的守卫部队。"有的说："假如我是百姓，一定冲进圆明园，和那些强盗们拼了，不能让他们把国宝强走。"

龚老师没有对学生们的爱国热情和敢于牺牲的精神进行鼓励表扬，而是用缓慢的、带有启发意味的口气说："大家知道给英法联军带路的是谁吗？——他是著名诗人龚自珍的儿子——龚橙！大家知道当时圆明园附近的老百姓是什么反应吗？——圆明园附近的老百姓在英法联军洗劫后也进入园内，抢夺所剩无几的宝物！"

课堂内一片静默——这无疑是给学生的"热情"和"精神"兜头一盆冷水，但这盆冷水会使学生沉重，会使学生反思，会使学生成熟。这就是让学生带着问题进课堂，又带着更高层次的问题离开课堂。

这种延伸，不是涂彩，不是点缀，更不是狗尾续貂，而是指向学生未来的读书空间，指向学生更高的思维平台，指向学生长远的健康发展。

三、把握"立足"与"超越"之间的关系

要想成为一名优秀教师，就必须把握好与教材的关系。教师在立足于教材和超越教材之间，要获得一个平衡。立足是超越的基点，超越是立足的生发。没有立足，超越就无源无本，没有超越，立足就枯涩干瘦。

第三章
营造课堂氛围的基本功

课堂氛围是教学质量好坏的关键所在。好的课堂氛围不但能使学生集中精力认真听课，不浪费老师的辛勤汗水。对于教师来说，课堂氛围的好坏也会关系到他的知识水平的发挥，完善自己的教学质量，体现自身的职业价值。所以说，怎样营造课堂氛围，营造什么样的课堂氛围都是需要教师精心设计的。

第一节　用幽默做课堂的调味剂

大多数优秀教师都有一个共同点：就是课堂氛围通常都是被欢快的气氛所营造。虽说严师出高徒。但"严"并不单单只代表严肃、严厉，也可以用风趣的言语和动作做定义。在轻松幽默的氛围中教出高徒不是更彰显了一个优秀教师的职业素养？

心理学家研究表明，让学生在轻松愉快的环境中学习，能让有意注意的时间延长。学生有愉快的情绪体验，就会刺激学生的兴奋点。从而激发学习兴趣，使思绪飞扬，同时也使学习成绩突飞猛进。

教学幽默能有效地活跃课堂气氛课堂教学气氛是影响课堂教学效果的一种重要因素，也是构成课堂教学情境的重要组成部分。实践表明，只有在活跃的课堂教学气氛中，学生才能积极地参与教学中的思维创造活动，才能与教师一起把课堂教学搞得有声有色，共同创造出良好的课堂教学效果。

董青老师在教授《桂林山水》一文时，其中的二三自然段，因为语言结构相似，描写优美，比喻生动，是学生们仿写的好材料。和同学们一起分析了语言结构：第一句是对比句，而第二句很长，是三个并列的结构相似的句子组成为排比句。虽然分析得如此透彻，可学生们仿写的愿望不够强烈。于是董老师灵机一动说："第一句的写法如鲜花与牛粪的关系，突出鲜花的美丽特色；接着第二句的排比就如'王婆卖瓜，自卖自夸'，得不停地吆喝这东西有多好，这景物有多美！你们就来做做王婆，夸夸自己的景物或事物有多独特，可以写景也可以写物！"学生听了这番话，已经笑得前仰后翻了，于是提笔就写。学生在这样愉快幽默的氛围中灵感大发了。

林老师针对学生刚开始学写议论文，而感到枯燥、难懂、不会写的情况作了辅导，他说，"议论文并不神秘，我三岁的小孙女也会作议论文。有一次小孙女说：我最喜欢爷爷了（论点）。爷爷喜欢我，不骂我，买冰棒给我吃，还带我到儿童公园去玩（四个论据），所以我喜欢爷爷（结论，与开头呼应）。"整个教室里充满了笑声，在笑声中学生理解了议论文的基本特征，消除了写议论文的畏难情绪。

教师犹如一个乐队的指挥，而学生却是表演的主体。只有当学生在教师的指挥下，积极主动地参与，创造性地具有特色地表演时，整个课堂才会生气勃勃，语言才真正显示出它的活力。这时，指挥者必须对整个课堂有一个周密而又具有趣味性的设计，学生才会积极配合。所以，想成为优秀教师也不得不修炼用幽默调节课堂氛围这项基本功了。

一个成功的课堂，要求教师精神饱满，激情飞扬，语言生动幽默。教师风趣幽默的语言艺术往往会打破沉闷，活跃气氛，极大地增加学生学习的积极性，提高教学效率。

课堂教学幽默的源泉，可以来自学生，也可以来自教师；可以来自学习内容本身，也可来自教学方法。只要教师善于去挖掘，幽默氛围就无处不在。但同时也应注意掌握分寸，态度要自然，举止要节制，要恰到好处，切忌讽刺、挖苦学生，带来一些消极的东西，娱乐学生不是以伤害其他学生为基础的。要以不断积累幽默素材和妙语警句，来不断提高幽默技巧。

苏霍姆林斯基曾说过："教师的语言修养在很大程度上决定着学生在课堂上的脑力劳动的效率"；教育家斯维特洛夫说："教育家最主要的，也是第一位的助手是幽默"；英国学者鲍门在《幽默教学：一门表演的艺术》一文中指出："理想的教师应当达到艺术化的教学水平，善于利用幽默来激发学生兴趣，使学生学得更好"。

这些名句准确地给我们的教师提供了一个信号：优秀教师建立幽默

氛围的课堂、氛围好的课堂又成就优秀教师。

而现实教学中，很多教师缺乏的恰恰就是幽默。课堂教学中，有些教师的语言平淡、苍白无力、没有激情，学生听他们讲课就像在催眠曲一样，学生不知不觉地就进入梦乡，我们学生学习的兴趣也因此给抹杀了，学生还会感到学习的快乐吗？

另外，还有些教师，课堂上语言生硬，终日板着面孔，永远不苟言笑，给学生的心理带来一种压抑，时间长了，学生很容易造成心理障碍，然而学生的智力和非智力的发展也将受到限制。一系列不良的影响都有可能发生，到那时，我们的教育将会出现危机。

优秀教师就要像复旦大学外语系教授陆谷孙先生提出的那样，上一堂课至少要让学生大笑三次。而要想让学生多一些笑声，就得要求我们教师在课堂上不失时机地"幽"他一"默"，使自己的语言具有幽默感。教师的语言一旦具有了一定的幽默感不仅能给学生带来快乐，而且也能显示出优秀教师的智慧。

总之，作为优秀教师，要想让学生喜欢你的课堂，就应该具有幽默感。未来最受学生欢迎的教师类型中，富有幽默感是成为优秀教师不可或缺的必备素质之一。所以，教师一定要注重语言的修养，努力培养和提高自身的幽默感，让课堂充满活力与生机，让学生在课堂上充满欢声笑语。

第二节 老师搭台，学生唱戏

当人们面对舞台上的精彩表演报以热烈的掌声的时候，有谁能真正体会到演员们此时的骄傲？是的，只有真正站在台上的人才能深切地体会到这掌声中的光荣与自豪，也只有真正在舞台上尝过甜头的人，才能为这份光荣与自豪持续不懈地努力和奋斗。

教室才小小十几平方米，但却不能不说它是学生发挥自主能动性的最耀眼的舞台。

我们老师不要在滔滔不绝地自己演讲下去，看看讲台下的学生们吧，是否还是那么的精神饱满、斗志昂扬。如果不是，何不停下来，先唤醒学生的主体意识，让学生依靠自己的力量唱完这堂戏，让他们自己真正成为这个课堂的主角。

著名作家马克·吐温有一次听牧师演讲。最初，他觉得牧师讲得很好，很受感动，就准备捐款，并掏出自己所有的钱。过了十分钟，牧师还没有讲完，他有些不耐烦了，决定只捐一些零钱。又过了十分钟，牧师还没有讲完，于是他决定一分钱也不捐了。

牧师终于结束了冗长的演讲，开始募捐，马克·吐温由于气愤，不仅没捐钱，还从盘子里偷了两元钱。

这就是著名的"超限效应"发生作用的例子。

如果一个教师只是喋喋不休地讲着授课内容，而不能够合理地安排学生的自主教学，这种"超限效应"同样会发生在我们周围，最终表现为学生讨厌上某科目的课，甚至是讨厌教这科目的教师。

　　课程标准明确指出，学生是学习和发展的主人。课堂教学上，教师就是要构建开放的、充满活力的课堂体系。而要使课堂活起来，课堂的主体必须动起来。教师要转变角色，要成为学生学习活动的组织者、指导者、学生个性发展的服务者。把问的权力放给学生，把读的时间还给学生，把讲的机会让给学生，引导学生自动、自学、自得地寻求知识，获得知识。

　　如何才能调动学生的积极性，让他们主动地参与教学过程，成为学习的主人呢？

一、精心设疑，激发兴趣

　　兴趣是最好的老师，是成长最大的动力。学生求知的兴趣一旦被调动起来，他们就会积极参与，努力探究，并乐此不疲。在教学中，充分利用学生对问题的兴趣和好奇心，把质疑的主动权交给学生。让学生主动的提出问题，解决问题。

　　比如，一位教师讲授一年级统计一课时，放映了一个动画片段：大象今天过生日，森林里的小动物都来了，小动物们给大象准备了各色的鲜花，动画展示每个小动物手里捧着各色的花，而大象想知道每种颜色的花各几朵。同学们马上说："帮它们数数。"但花的颜色繁多，越数越乱。于是，又有同学发起疑问："有没有更好的办法？"这样自然而然地进入到了统计教学。教学过程中，教师又引导学生提出质疑，根据统计表可提出哪些数学问题。

二、放手质疑，自主学习

　　一个优秀的教师首先需要强调的就是要营造一个积极互动的教学氛围。这就要求教师让学生自主地选择学习内容，让学生个性化地学习。当学生对一个问题认识模糊，或是阐明一个问题需多角度、多层次进行时，把问题交给学生，让他们自由讨论，各抒己见，共同交流，寻求解决问题的方法和结论。

一位历史教师讲授秦末农民战争时，提出了这样一个问题："如果陈胜、吴广没遇到大雨，秦末农民起义还会爆发吗?"学生通过激烈讨论，畅所欲言，深入探讨，彼此交流，课堂气氛活跃，学习兴趣浓厚，锻炼了学生的口才，发挥了学生的主观能动性，突出了学生的主体性，也发展了学生的个性。

三、集思广益，合作学习

一个积极互动充满活力的课堂离不开合作与合作学习。教师在教学中要选择学生感兴趣的部分进行合作，使学生在合作学习中各抒己见，相互启发，使思维的广度和深度不断地加宽加深。

一名教师在讲授雷雨一文时，雷雨后的部分，作者准确形象地描绘了一幅雨过天晴的自然图画。为了表现雷雨后的太阳、彩虹、蝉、蜘蛛、池塘、青蛙的状态，教师让学生认真反复地朗读课文，然后请学生到前台来，把课前准备好的活动图贴在相应的位置上，同时进行说话训练，即把所贴的图画用一两句话描述出来。

学生马上动起来，边贴边说。通过学生的合作，展现了一幅多彩的雷雨后的景象。学生在贴图中训练说话，既活跃了课堂教学气氛、激发了学生学习兴趣，又增强了学生学习的主动性、积极性，还训练了学生的语言表达能力和想象能力，提高了语文的综合素养。

四、提高能力，探究学习

除此之外还要突出强调学生创新精神和实践能力的培养，想要做到这些，必须通过学生具体的探究活动来实现。这就要求教师不断引导和指导学生去主动探究，更期待它能够内化为学生经验系统的一部分，成为一种良好的学习习惯。

在上《十里长街送总理》一课时，一位老师是这样引导学生将课内外知识相结合的。课前，教师布置预习，让学生查阅有关周总理的资料，并给出了几种查阅的途径。由于做了充分的课前准备，上课时又通

过交流，使学生增进了对周总理的了解和崇敬。在交流过程中，老师引导学生用归纳性的语言讲述。这又很好的训练了学生抓重点归纳知识的能力以及语言表达能力。

总之，学生是学习的主人，课堂是学习展示的平台。教师要做好"引路人"，使课堂充满生机活力，引导学生自主、合作、探究，让课堂成为学生展示自我的舞台，为每一位学生的发展提供一个广阔的空间，这应是每一位优秀教育工作者所追求的目标，也是一名优秀教师应当必备的基本功。

从过去的教师独唱表演，再到今天的师生众星合唱。无论如何也是课堂发展史上一个质的飞跃，更是成就了从普通教师到优秀教师的转变。

第三节　别让学生恐惧提问

　　课堂提问作为课堂教学环节中的重要一环，巧妙的提问可激活学生的创新思维，激发学生的学习积极性、督促学生学习、调节课堂气氛。但如果教师的提问方式出现偏差，就会被学生看教师的提问如"过关"一样。紧张、害怕、恨不得缩成一个团让老师看不见自己。

　　是什么让学生如此恐惧提问？归纳来看，学生害怕老师提问主要有以下几个方面的原因：一是课前没有做准备，这个老师又过于严厉，批评起来毫不留情面，所以害怕老师的提问检查；二是老师对学生回答问题的评价粗暴简单，担心老师的批评，害怕被提问；三是个别学生因个性等方面的原因，在师生面前说话紧张，害怕回答各种提问；四是个别学生怕回答不好被同学笑话，害怕老师的提问检查。

　　有位教育家曾经说过：教师若不熟谙提问的艺术，他的教学是不易成功的。

　　因为巧妙的提问正是激活学生创新思维的方式，是激发学生学习积极性的手段。但在教学工作中，我们发现，课堂提问常有以下几种不良倾向：

　　第一，提问的时机掌握不准。有的教师问题提出后，没有给学生独立思索的时间，怕浪费时间。

　　第二，提问的质量低而偏易且乱。有的教师提问，答案即在问题之中，缺乏启发性；有的提问零乱无序，没有逻辑性；有的问题本身矛

盾，脱离学生现有的知识和经验。

第三，提问的目标不明确。课堂提问环节松懈，随意性较大，教学效果较差。因此教师要讲求课堂提问技巧，提高教学的实效。

第四，老师对回答不上来的学生过于苛刻，批评起来丝毫不给面子。

久而久之，由于一些学生的"不良"表现，教师不愿意提问；学生也就乐得轻松自在。导致现在的课堂，提问少，练习多；师生互动交流少，学生感受不到老师的关注，有些爱回答问题的学生甚至回家反应某某老师从来就没提问过我，某某老师从来也没让我回答过问题等等。无形中也增加了教师与家长的矛盾。

这样导致的结果就是提问被运用的越来越少，整堂课的效果也不甚理想。

其实运用好课堂提问是沟通师生关系的纽带，可以有助于帮助老师了解学生的学习情况，使学生体会到老师的关注，达到教学相长的目的。提问这一环节对某些教师来说是件麻烦事，对优秀教师来说却是一个营造课堂氛围的有力武器。

能让学生仔提问中受益关键还是要看教师怎么做。因为如何提问能够得到学生的喜爱也是大有学问的。课堂提问作为学生教师之间教与学互动的有效形式，怎样才能让学生不再对提问心存恐惧，甚至是深深地爱上提问呢？

一、分层次提问

所谓分层次提问，即对提出的问题，开始先让从成绩优秀的回答，之后成绩中等的，最后让成绩稍差的，以便让成绩稍差的有准备时间，给他们一个思考学习的过程。

二、做记录提问

为避免提问不全面，也为增强对学生学习情况的了解，对学生的回答做好记录和标记，比如：划等级表示回答质量，画"正"字表示提问回答的总次数等，以便于增强提问效果，做到面向全体，防止出现提问遗漏现象。

三、分组式提问

有时所学内容较多较繁杂时，可布置小组内学生先互相提问，然后分小组抽检，及时评价小组的学习检查等级，这样不但刺激了小组互助学习的积极性，更重要的是让那些不会的学生能够在小组讨论时有充足的条件来自我学习、自我提升。

需要教师切忌的是不管不顾地随机式提问。如果需要随机式提问也要找那些有能力回答出来的学生，别只想着去挑不会的学生回答问题，教师的目的是让学生学会知识，并不是让他们当众出丑。课堂是不需要紧张气氛的。

在课堂上用提问营造紧张气氛，对那些内向、自闭的学生来说，严重者还会患上轻度恐惧症。看到老师要提问的眼神，还没有站起来回答问题，他们就会先情不自禁地想到自己"要害怕了"、"要紧张了"。因此，他们马上给自己下命令："不要害怕"、"不要紧张"！但紧张恐惧这种情绪好像是个青春期的孩子，其"逆反心理"特别强，你不要他这样，他却偏偏与你对着干。

所以，在点名回答问题前，教师应先将问题摆出来，给学生留出适当的思考问题和调整心理的时间，让他们有所准备，树立起"这个问题我会答"的信心，形成一种"这个问题我来答"的心理需求，从而最大限度的避免紧张情绪的产生。要让学生认识到，回答老师提问，是一次展示自我的机会，而不是一次遭受磨难的历练。

其次，要教育学生正确对待老师的提问。既不能因为一两次回答正确就沾沾自喜；更不能由于一两次回答错误就否定自己的能力，给自己戴上精神的枷锁，背上沉重的包袱。只有以一颗平常心对待老师的提问，以一颗宽容的心对待自己的失败，才能走出心理的阴影，勇敢地去

面对老师的提问。

　　最后，就是要教育学生打下坚实的知识基础。你心理准备再充分，如果没有牢固的知识基础做保障，面对问题也只能是心有余而力不足。只有在平时的学习过程中，注重积累，加强训练，树立挑战问题、挑战自我的信心和勇气，才能游刃有余地去面对老师的提问。

第四节　公平对待每一个学生

　　公正意识，尤其在课堂上的公正意识是教师道德素养的有机组成部分，是教师个人威信的基础，也是处理师生关系和正确对待学生言行的客观规则，更是优秀教师必备基本功之一。

　　在学生眼里，"公平客观"被视为优秀教师最重要的品质之一。他们最希望教师对所有的学生一视同仁，不厚此薄彼；他们最不满意的是尤其在课堂上当着全体同学的面批评、挖苦、冷落甚至歧视自己。可能有些老师认为没有什么的一些话语、动作、或是眼神都会深深地伤害到学生，给他的内心埋下阴影。

　　以人的本能来说，往往是"好生"好对待，以表扬为主；"差生"差对待，以批评为主。

　　但作为教师这一职业来说，作为一名优秀教师的话更要牢记：别把自己当成普通人，而是在学生们中有重要地位的优秀教师，人类灵魂的铸造师。如果教师都顺着自己的本能，不能一视同仁的话，那么，有些灵魂就真的被彻底放逐了。

　　在课堂上，教师首先要收起本着自己的个人喜好而带给学生们的差别待遇。用温暖的眼神扫到教室中的每一个角落，定格在教室中坐着的每一张脸庞。即使面对正在搞小动作的同学，即使严厉也要保证警告之中透着些温情。对认真仔细的同学更要给予眼神的鼓励。有接受知识比较慢的同学，教师也无须急躁，只要你心怀爱心又有足够的耐心就能让离队的鸟儿重新回归组织的怀抱。

这一切的一切都是建立在教师对每一个学生公平的心态之上的。

刘萍同学是班上的特例人物，因为她即学习刻苦又成绩落后。这本不应该出现在同一人身上的矛盾面却真的结合在了同一个人身上。同学们也都私下里说她真是笨得要命，那么简单的题目还不会。刘萍也不知道为什么，明明即使回到家里也坚持学习三个小时，而且每天由预习第二天讲的课程。为什么对于老师讲的内容还是似懂非懂，尤其是数学，问题稍一变化就转不过弯来。成绩总也上升不上去，就有了种破罐子破摔的想法，反正学了也是这样，还不如痛痛快快地玩去呢。

她的班主任得知情况之后，并没有单独找刘萍谈过话，担心这样会给她带来更大的心理负担。只是私下里和数学老师沟通了一下刘萍的情况，想找出能最快最好帮助她的办法。

数学老师是一位平日里会显得有些严肃的蔡老师，同学们对他尊重的同时也都会有些敬畏他。蔡老师知道了刘萍的情况后，也并没有在课下给她补课。只是在上课的时候，通过刘萍的面部表情，只要能确定刘萍这个问题会回答就会请她回答这个问题。回答完毕之后还会对此报以鼓励的微笑。得到这样严肃老师的鼓励微笑，给了刘萍莫大的勇气。渐渐地意识到自己只是笨了些，只要比别人在努力一点就不会被老师所抛弃。于是更加发奋学习，学习成绩也前进上来了。同学们也对她从此刮目相看。

案例上的刘萍是一个幸运的女孩，因为她有一个好老师。并没有因为她时常跟不上集体的脚步而抛弃她。而这位蔡老师更是位优秀的教师，并没有怎么大费周章只用了简单的微笑和肯定就拯救了一个女孩的人生态度。

在这个案例的背后是什么拯救了女孩，又是什么使蔡老师赢得了尊重。归根结底很简单：只是作为一个优秀教师所具有的公平意识。

怎样能把教师的公平意识落实在教学中的每一处呢？

首先，教师要多一些爱心，少一些功利心。不要将学生当作获取某种利益的工具，要对学生的未来负责。对待学生要一视同仁，不以成绩论好坏。关于生有不足也要批评教育，后进生有进步就应表扬激励。让每个学生都能感受到教师的爱与温暖。

其次，教师要有一双善于发现的眼睛。每个人都有闪光点，有人学习好，有人体育好，有人劳动十分积极，有人组织能力较强等。不要从单一的方面去评学生，在注重素质教育的今天，尤其不应只拿成绩好坏来评价学生。及时发现并肯定每个学生身上的优点，并适当的给予表扬，激发他们的上进心，从而促进每个学生都更加努力地去发展自己。

一个和谐融洽的课堂是提高学生，成就教师的圣地。如何去保持它的和谐、融洽？找到答案并不困难。只要教师从全体学生的利益出发，公正公平的对待每一个学生，好学生避免他骄傲、坏学生防止他继续坠落。这种和谐融洽就会延续下去，同时学生们感受到了老师没有差别的大爱，学习劲头也就更加浓厚，成绩就会不由自主的提升上来。

想从一个普通教师转变为优秀教师的话只要不要忘了：别让自己的无意而造成对学生的伤害，要公平的对待每一个学生。只要记住、做好这条，就离转型成功不远了。因为它正是一个优秀教师的必备基本功之一。

第三章　营造课堂氛围的基本功

第五节 不能忽视的课堂细节

优秀教师的10项基本功

教学要注意细节，想成为一名优秀教师更应该如此。做到在每个教学细节上下功夫，做文章，才能全面提高教学效果和教学质量，才能打下良好的基础。

教师作为课堂的组织者，在同学们眼里通常是运筹帷幄、庄严自信的。可他们不知道的是：要组织这么一个和谐的课堂也是需要下一番苦功的。哪怕只是那么一点点不起眼的简单细节，就可能影响到课堂的氛围。

所以，课堂细节是对教师水平的拷问，是教师教学理念、教师机制，乃至教学素质的折射。关注了教学细节，才能提高课堂效率，才能成就我们的精彩课堂！

这些细节可以是教师对学生消极时的一个眼神、开始讲课之前一段别具一格的开场白、或者教室角落中新摆放的一盆绿色植物等等，这些都可以影响到一个课堂的氛围好坏。细节通常会以小见大，好的细节能带来积极的效果，而不好的细节也能一石激起千层浪严重影响到师生的课堂氛围。说细节在一定程度上决定了教室授课的质量，也一点不为过。

著名导演张艺谋说过一句耐人寻味的话："没有多少人能记住整部电影的详细过程，但是却能记住某一闪亮的细节。从这个意义上说，一个令人难忘的细节就是一部好电影。"同样，一个精彩的教学细节也是影响课堂成功与否的关键。细节影响效率，细节决定成败。只有做好每一个细节，方能达到效率第一。

一个成功课堂上的细节有很多，以下我们来列举一二。

一、教学语言

教师的语言在保证准确的前提下，还要做到干净利落，不拖泥带水。有些教师经常延课，下课铃声都已经响了，还没有讲完这节课应该讲完的知识。之所以不能规定时间内完成教学任务，一个很重要的原因就是怕学生听不懂，翻来覆去、不厌其烦地讲，使课堂中有限的时间在与讲课内容无关的废话中悄悄地溜走，还有就是学生已经回答得非常准确的问题有些教师，还要把答案再重复一遍，这样既浪费时间，也不利于学生倾听习惯的培养，过多的重复让学生产生厌烦情绪，影响了学生的学习效果。

教师提出的问题以及总结性的语言要简明、准确，如果教师的提问不准确就会让学生产生误会或感觉啰唆。

想克服这个问题，教师要结合实际精心设计每一堂课的教学过程，不但要考虑知识的相互联系，而且拟定采用的教学方法，以及各教学环节的自然衔接；既要突出本节课的难点，又要突破本节课的重点。教师必须在备课时精心设计好问题、过渡语，尽量不说与讲课内容无关的话，做到语言精炼、准确。

二、小组合作学习

我们倡导互助合作学习，提倡学生进行"合作交流"，是因为合作学习会增加学生参与数学活动的机会，能强化学习动机、提高学习成绩、发展人际交往能力等。

但个别教师为了突显互助学习在数学课堂中的作用，乱用小组合作学习这一形式，没有价值的问题、通过预习可以自己解决的问题、一些较为简单的问题等等，都要求学生讨论，这样的合作毫无价值可言，既浪费了时间，又使合作学习流于形式。再有就是有些教师在学生小组合

作之前没有明确的合作要求或者要求不细、不准，导致小组合作的盲目和无效。

所以，一名优秀教师就会在分组之前考虑到：

1. 在实施小组合作之前必须给予每个孩子独立思考的时间。思考后再在小组内交流，因为在个人独立学习思考的基础上进行的合作学习才是有价值的合作学习。只有当学生有了自己的思考与想法才能在小组中达到更好的有效的交流。

2. 教师提供的合作学习的内容必须明确，必须适合每位学生的参与，使学生能围绕实质的内容有一定的探索性。合作学习不仅使学生自己找出问题的解决方法，而且在探求知识的过程中加深他们对知识的理解、对知识保持的强度，使他们的思维得到相互启发和训练，提高语言表达能力、自学能力、分析能力、解决问题能力和团结协作能力。

3. 在小组讨论时，教师要参与到学生的讨论活动中去，以便随时了解讨论出现的问题，及时引导、点拨，避免学生走过多的弯路，当学生对一些问题迟迟讨论不出结果时，教师要马上调整问题的层次性，由浅入深。

4. 教师尽量给小组提供均等的竞争机会，如果班内小组在五组一下，小组交流后争取给每个组发言的机会，通过听课发现有些教师很注重小组间的竞争，但小组竞争的机会不公平，比如教师提出一个问题大多是采用抢答的方式，但由于教师的视力覆盖率的缘故，有的学生举手了教师却看不到，因此教师要明确哪些问题要抢答，哪些问题要指定，有了公平的评价，才能真正激发出小组间的竞争。

5. 在各小组汇报发言时，老师应及时评价各小组的意见，努力培养学生认真倾听，勇于质疑，敢于发表独特的意见，并互相尊重，使小组合作学习的积极性提高。

三、建立学生思维的有序性

以往我们在评价一节好课时往往多关注教师教得如何，如教师的语言精炼、准确，课件直观，容量大，注重引导等，而很少关注学生学的如何，高效课堂应该以学生的学带动教师的教，学生如何学，方法和能力很重要，数学就是教给学生思维、思考，因此培养学生的思维能力是学好数学的重要保障。

重结果轻过程是目前教学的弊病之一。这样做显然不利于学生真正掌握基础知识，更不利于培养学生逻辑思维能力。

重视学生的思维过程，优秀教师应选择最佳教学方法，讲清思维过程。首先教师要安排好讲解的层次，清楚的讲解层次是学生获取知识的基础，也是培养学生初步的逻辑思维能力的一个重要方面。教师对每节课教学的内容一定要理清讲解的层次，除了要安排好复习导入、新授讲解、巩固练习等大层次外，还要理清每个大层次中的小层次。层次的逻辑性既能为讲清知识服务，又能为培养思维的逻辑性服务。

其次，教师应设计好讲解的方法，讲解方法设计的好坏直接影响到能否讲清思维过程。好的讲解方法应该注意根据教学内容和学生的具体情况选择，要充分发挥教师的主导作用和学生学习积极性、主动性，要坚持启发式，既要考虑到知识的讲解方法，又要考虑到能力的培养方法。

重视思维过程，教师除了检查结果是否正确外，还要检查思维方法和过程是否正确。教师在检查学生回答、板演、作业时应多问学生：为什么？这样做的依据是什么？你是怎样想的？学生作业和回答问题中发生错误，教师要注意先帮助他们找到错误的原因，看学生在理解知识方面有没有问题，在逻辑思维方面有没有问题，只有找到了产生错误的真正原因，才能对症下药、纠错防错。

四、候　课

候课，是教师们最容易忽略的一个细节。候课时间通常只有短短的三五分钟，但从教学常规的角度来看，应该是一个"必须"的阶段。

如果把课堂作为剧场，它应该是剧场序幕的拉开。这一教学过程中

的细小环节体现着教师对课堂教学的认真程度，同时也反映出教师的组织管理水平，更为重要的是它对保证教学效果，提高学生课堂学习质量等诸多方面起着重要的作用。

优秀教师是这样候课的：

上课预备铃一响，教师便出现在教室门口，亲切地看着学生鱼贯而入，就像将军在他的阵地上检阅士兵一样。学生们全部就位后，教师微笑着走进教室，摸摸圆圆的小脑袋，拍拍稚嫩的肩膀，凑近一堆堆说话的学生，轻轻地叫出一个又一个学生的名字……

如果我们在上课前两分钟到达教室门口候课，可以达到以下几个目的：

1. 利于教师提前进入角色。角色的扮演需要有特定的环境和氛围，教师提前进入教室能使教师充分调整心态和精神状况，顺利完成角色转换，进入课堂教学的临战状态。同时，也有利于教师再次检查本堂课的准备状况，比如个人仪表是否整洁，教具有无遗漏、教学材料是否带齐等等。

2. 利于发挥教师的表率作用，可以把教师严肃认真守时的工作作风，以身作则地传给学生，减少或杜绝学生无故迟到的现象，这也是教书育人的一个重要方面。这样，在教师的影响下学生也会形成一种积极向上的敬业精神，其功效不仅仅是上好了文化知识的一节课，长期下去，更是上好了人生的一堂大课。

3. 利于帮助学生养成良好的学习习惯。在候课的时间里，学生可以在上课几分钟内及时回想起上节课所学内容的重点、难点、关键部分，以及教师所布置的课后练习自己完成的情况，使学生养成课后复习，课前加深记忆的习惯。

4. 有利于增进师生感情。教师"候课"为师生交流提供了良好的机会，课前几分钟老师和学生在一起聊聊天，向学生传达一种乐观、关怀和爱心，可以起到增进相互间的信任和了解的作用。

以上列举的课堂细节，无不体现了一个优秀教师的教育观念，是教学风格的一种表达，是教学功底的一种展现。它看似平常，却在平凡中蕴含着无限的智慧；看似简单，又在简单中孕育着深刻。细节虽小，但往往能折射出一位优秀教师的理念、情操，反映出一种高水平的教学质量。关注课堂细节，才能提高课堂效率，才能成就我们的精彩课堂、才能成就一个优秀的教师。

第三章 营造课堂氛围的基本功

第四章
语言表达的基本功

　　优秀教师的锤炼离不开考察语言表达能力这项基本功。因为教师这一职业正是通过自己的言语来传达给学生们的，即使你才高八斗却难以表达，那也没有资格进入教师这一光荣的行业之中。

　　作为教师，语言是完成教学任务、培养学生的最主要的工具之一，也是人际交往不可缺少的重要工具。要想从普通教师中脱颖而出，登上你心中理想的顶峰，就必须学会"说话"、学会"怎样说话"，也就是教师要掌握语言表达艺术。

第一节　声音的管理

社会心理学研究发现，人与人之间的交流58%是通过视觉，35%是通过听觉来实现的，只有7%是我们实际表达的语言内容。而在35%的听觉交流中，语言的形式，如音质、音频、语调、语气、停顿则是影响听觉交流的核心因素，这些因素被称为副语言，或语言形式、或声音。声音是语言内容的载体，语言动作发出者音质的刺耳或悦耳、音调的低沉或高亢、音频的舒缓或急促、语气的漂浮或坚定，给予交流者或受众的感受、传递的信息是有差异的。

音质优美，是优秀教师语言的基础。所谓音质，是指语音的音色，是一个音区别于其他音的依据和标志。它主要是由声道的共鸣形状和发音部位于方法的不同决定的。好的音质，圆润清亮、结实饱满，让人听了悦耳爽心，有利于增强语言的感染力，激发学生的学习兴趣，营造良好的课堂气氛，从而提升教学效果。

音质的好坏，有先天的因素，但并不是完全由先天决定的。只要掌握好正确的方法，进行科学的训练，有良好的耐心和毅力，是可以使音质得到改善的。

提高音质质量的主要途径，是进行艺术的训练：

一、要用本色自如地发音

有些教师为了给学生们带来语音上震撼的效果，讲课时大气粗声，一味的发高音；还有的教师为了和学生拉近距离而采用"家常式"语言，课讲得有气无力，声音平淡而松软；有的教师还甚至为了试图在语言上别具一格故意压紧喉咙说话，挤气出声。

实际上，这些都是大可不必的，教师说话就应该选择自己的自如声区中的最佳音域和最佳音量，并注意自我监听调节，切忌生硬做作，时间常了就养成了不良的习惯，破坏了自己固有的音色美。每个人发生机制都不是十全十美的，关键是否善于用本色音，并加以扬长避短，适当地调节，从而达到声情并茂的效果。

二、要会呼吸，会运用气息

著名的表演艺术家李默然说过："练声先练气，气足声故亮"。没有足够的气息就不能发出明亮的声音，以"声音"为职业的教师平时就要注意训练自己的肺活量，调节自己的呼吸状态。

三、要适当地运用共鸣腔技巧

教师的讲课为了使整个教师每个学生都听得清楚，其说话音量必然比平时要高些，为了避免那种仅依靠提高声带颤动的频率来增加音量的现象出现，就有必要在发声时适当地运用共鸣腔技巧，以提高音量，减少疲劳，从而达到长期保持嗓音洪亮、音色优美的目的。

在西方政坛上，注重声音修炼往往成为政治家们获得成功的一个重要细节。在英国，被人称为"铁娘子"的撒切尔夫人，她的外表和风度几乎无可挑剔，可她那不悦耳的尖刺声音，曾经一度影响了人们对她的喜爱度。为了在选民们的听觉上展示一个有风度、有权威、可靠的英国保守党领袖的形象，她在音质专家的指导下，重新练习发声，改变了原有的尖细音质，这对她作为一个女政治家的形象增色不少。

还有优秀的电视播音员和电视节目主持人并不是以靓丽的脸庞和青春的年龄而赢得观众，他们最大的财富来自他们的才智和独具感染力的声音。在日常生活中，有时候喜欢一个人，也许仅仅是因为他那不可摆脱的迷人的声音。其实，对必须依靠语言来进行教学活动的教师而言，声音的训练是同样非常重要的。

一个动听的声音应该是饱满的、充满了活力的、能够调动学生情感的。但声音饱满并不一定就是永远高亢的八度音，尖锐刺耳的声音会使学生在课堂上变得烦躁不安，导致听觉疲劳，注意力分散。教师通过悦耳、舒心的声音传授的内容不仅能够吸引学生的注意力，而且还会产生"过耳不忘"的效果。一个有经验的优秀教师，在教学过程中总是十分注重用适当的语调、语气、语速来适当地表达相应的内容和情绪。用疑问的语气来引发学生思考，用坚定的语气来表达思想和信念，用舒缓的语气来表达宁静的氛围，用急促的语气来表达紧张状态，不同的语气对调动学生的情感具有不同的效果。

训练自己的声音，让它美妙动听，应该是每个教师的必修课。可以用录音机录制一节自己的课，自我反思并有针对性地训练自己的声音，具体可以注意以下几个方面的内容。

语调是否抑扬顿挫？你的教学语言是否充满激情？要知道，平淡乏味的语调难以调动学生的情绪，难以吸引学生的注意力。

声调是否太尖、太低或声音嘶哑？高尖的声调会刺激学生的听觉神经，让学生感到头痛和烦躁甚至反感。你可以把力气集中在嗓子眼上，要学会运用腹部和胸腔的力量。

音量是否太大或太小？太大的声音容易导致学生的听觉疲劳，太小的声音让学生听不清楚。一般来说教师在教室里上课，应尽量不用或少用扩音器，因为扩音器容易产生噪音。

语速是否太快或太慢？语速太快，容易使学生听不明白，难以发挥"听觉记忆"的效果；太慢了容易使学生失去兴趣和耐心，使课堂教学缺乏生机。

停顿是否充足？讲课时是否留下了学生必要的思考时间？语言的重点是否突出？适当的停顿是必要的，停顿能够突出重点，引起注意，激发思考。

发音是否存在错误？教学中是否有过多的重复语或口头禅？教师的教学语言应力求发音准确，避免口头禅。

长此以往坚持下去，并加以练习，那么，你就会慢慢见证自己的声音的转变、见到同学们更加热切的眼神和自己不断处于进步中的脚步。

第二节　打造语言风格

　　树立了教师自己的语言风格就相当于有了自己的一个品牌。谁都希望自己可以给人以印象深刻的印象，可以让自己能够拥有不同于他人的明显标志。想要达到这种目的，成功打造一个属于自己的语言风格就会帮上你的大忙。

　　身为一名教师也是，最大的骄傲也不过是得到学生们的喜爱和拥护。每天学生都要面对那么多的各科教师，怎样才能让他们对你会格外印象深刻？最快速、最捷径的方法也是要有一个让人想忘都忘不了的语言风格。

　　那么，各人有各人的特色，又能形成怎样的语言风格呢？或者说，你想练就适合自己的语言风格，依据自己的性格特点到底哪种更适合一些呢？

　　下面，我们把语言风格分成以下几类，以供教师们参考。

一、简约严谨

　　这种风格以简明扼要、言简意赅为特点。讲究语句的斟酌，以尽可能较少的语言表达尽可能多的意思，并做到严谨周密，略无疏漏。这种语言风格的表达上极少形容铺陈。有时也会用一些注入省略跳脱、成分共用、精辟的比喻等修辞手法。

　　简约严谨的语言风格为古今教育家所提倡，叶圣陶先生也极力提倡教师的语言要简练周密。怎样的语言属于简约严谨的风格呢？我们以某教师在上《分子式》时候的语言为例来进行说明。

今天我们学习第七节——"分子式，分子量"。首先学习：什么是分子式。大家看书上的黑体字："用元素符号来表示物质分子组成的式子叫分子式。"注意：第一，分子式是用元素符号来表示的；第二，它是用来表示物质分子组成的，是一个式子，叫分子式。下面我们来一起朗读一遍。

这一段讲解"分子式"的语言中，开门见山，重点突出。话中极少有虚词，句子主干突出，极少修饰，不加形容，句句相扣。即言简意赅，又严密周至。

二、质朴平实

列夫·托尔斯泰说："如果世界上有优点的话，那么质朴就是最重大、最难达到的一种优点。"具备这种优点"难"就难在以事物原本的色彩现实一种自然的、质朴的美。

教师语言艺术具有这样的优点就是难上加难了，这个"难"，难在它不修饰、不雕琢、不渲染，却还要显示教育教学语言的基本格调，质朴平实地叙事、状物、说理、解析，是一种没有丰富的教学经验、没有较高的语言修养便难以企及的表现风格。

例：公元206年，刘邦率领起义军进入咸阳。继位只有46天的秦王子婴，乘白马素车，脖子套着丝绳，双手捧着玉玺，到城外躬身迎接，表示投降。至此，陈胜和吴广在大泽乡点燃起来的革命烽火，终于烧毁了想要万世一系的秦王朝。秦王朝不仅没能万世一系，到头来只落得个二世而亡，历史又翻开了新的一页。

这样的教学语言很少有青枝绿叶，却又如实地将投降刘邦的秦二世的主要特征勾勒了出来。语言平实，去粉饰，无雕琢。

三、庄重典雅

讲课的态度端庄持重，出语脱俗文雅。与严谨精炼的风格有某些类

似，但表现出来的情趣更高雅。说话间很少用俚语俗语，偏重用书面语，还不时夹杂有文言词、文言句式。即算是诙谐，也常常是从引经据典中生发出来。

例如讲到什么是政治时，有的教师先引用古今中外的一些有代表性的论述：

孔子曰："政者，正也。子帅以正，孰敢不正。"

马基雅弗利认为：政治是"是用强力统治人，用权术欺骗人"。

孙中山认为："政就是众人之事，治就是管理，管理众人之事，便是政治。"

列宁说："政治是经济的集中表现。"又说："政治就是各阶级之间的斗争。"

接着，这位教师指出了他们各自的片面性，然后将列宁和孙中山先生的说法加以科学归纳，说出自己的看法，既开阔了学生的思路，又为自己的见地确立了坚实的基础，同时也显示出了庄严典雅的讲课风格。

四、委婉诙谐

委婉是相对于直露而言，诙谐是相对于生硬而言。就是说，教师在讲课时，在很多情况下不直接说出本意，而是借助相关类似的事物加以暗示、启发、使学生通过想象、联想、思索去领悟本意。

在这一过程中，因为教师说话的机智性、生动性、曲折性等，自然而然就构成了诙谐的风格。例如一位教师发现班上有早恋的苗头，但又苦于证据不足，还要顾及学生的面子，于是在讲课时，突然说出一段话来：

我们村子周围有大片的果树园。有一年秋末冬初，我惊奇地发现，有些就要落叶的果树枝上竟然又开出了一朵朵果花。不久，花谢了，叶子落尽了，小果实也烂掉了。小时候，我每每捧着这些可怜的小果子发呆。后来，我才明白：不该开花的时候开花了，不该结果的时候结果了，是会受到自然规律的惩罚的。今天，同学们中的一些事情同样引起我的思索，你们是否也从中得到　些启示呢？

显然，这是一段极富有暗示性的教育语言。很符合委婉诙谐风格语言所具有的隐含性，还大多采用象征手法。

五、浑厚刚健

这类风格的语言特色很适合男性教师。可以表达出一种宽阔的境界和磅礴的气势，体现出一种奔放的情感和浩瀚的精神。就如同闻一多先生的《最后一次讲演》：

今天，这里有没有特务？你站出来！是好汉的站出来！你出来讲！凭什么要杀死李先生？杀死了人又不敢承认，还要污蔑人，说什么"桃色事件"，说什么共产党杀共产党，无耻啊！这是某集团的无耻，恰是李先生的光荣！李先生在昆明被暗杀，是李先生留给昆明人的光荣！

例子中，反复、反问交错运用，义正辞严，其实雄健，像一颗颗子弹，直射敌人，显示了雄健豪放的气氛和格调。最后所运用的对比手法，突出了民主战士的气魄，贬斥了反动派的无耻。

教师雄浑刚健的语言风格，决定于教师对传播内容的深层咀嚼并由此而生的豪情壮志。缺少了这个感情，"喷薄而出之"的气势就会失去了物质基础。

以上为教师们列举了物种语言风格，当然不至这些。教师要想在教书育人这条路上走的更远更深，就要多多培养自己的语言风格。这也是一名优秀教师须掌握的一项基本功。

第三节　无声胜有声

长期以来，在有些教师的工作中往往形成一种思维定式，即找学生谈话次数多、说的话越多，收到预期想要的效果的概率就是越大。工作也就会被领导、同事、学生所肯定。

当然，找学生谈话给予学生生活上的提示是工作中不可缺少的重要组成部分，但这并不意味着说的越多，效果就会越好。

教师教育的对象是一群人生观、世界观均未形成的学生。他们活泼、向上、好奇、天真，偶尔有些任性，缺乏耐心。所以也就不喜欢别人总是在指点他、指责他、批评他、唠叨他。如果我们教师总是在他们的耳边喋喋不休，他们很可能产生逆反心理、抵触情绪，不利于他们接受正确的观点、看法。

所以教师们大可换一种表达方法，适当运用"无声"技巧来对孩子们进行暗示、指导。适当地运用"无声教育"，也许会让你收获到意外的"无声胜有声"的效果哦！

一、始终保持微笑

微笑是教师在教育教学中的重要体态语。她就像一缕缕灿烂的阳光，一串串晶莹剔透的甘露。如果你希望自己成为一个受学生欢迎的优秀教师，第一要领就是要学会微笑。

您会用怎样的表情面对你的学生？作为教师，我们要注重自己的表情，会懂得在适当的时候掩饰自己的情绪。在学生面前更是要这样，喜

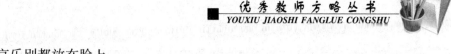

怒哀乐别都放在脸上。

也许有人会问：难道我连笑都不会了吗？

其实，还真的不是说笑就笑得起来的。

首先，它必须是一种发自内心的微笑，试图用上挑的嘴角蒙混过关，骗的了别人也骗不了自己。只有一个发自内心的微笑才能传递给人一种平和、友善的信号。

而且，一个有魅力的微笑会给人带来好感，会让人不由自主地亲近于你。这正为教师与学生拉近距离提供了策略。

如何把一个面目表情死板的人转型成为一个用微笑就能传递信息的人呢？没有天生如此这种说法，只要多加练习就会自然而然变成习惯，最后融入身体的一部分。

学习微笑的第一步是要学着放松肌肉，尤其是放松嘴唇周围的肌肉。

这个阶段可以通过"哆来咪练习"法来练习。就是从低音哆开始，到高音哆，大声地清楚地说三次每个音。不是连着练，而是一个音节一个音节地发音，很快就能使你嘴边的肌肉放松开来。

嘴边的肌肉放松完毕之后，就要给嘴唇肌肉增加弹性了。形成笑容时最重要的部位是嘴角。如果锻炼嘴唇周围的肌肉，能使嘴角的移动变得更干练好看，也可以有效地预防皱纹。如果嘴边儿变得干练有生机，整体表情就给人有弹性的感觉，

就像一天中刚见到自己的学生，给予一个深刻的微笑不会比以往千篇一律的招呼的效果要差。

二、用眼神来表达

芬夫·瓦多·爱默生说："人的眼睛和舌头所说的话一样多，不需要查字典，却能够从眼睛的语言中了解整个世界"。

眼神为什么隐藏了如此之多的奥妙？因为它本身就是人的五官中最灵敏的器官，被誉为五官之首。它不仅能识别事物的五颜六色，还能辨

识世界的美善丑恶，而且还能向外界展示内心世界的喜怒哀乐，表现了一个人自身的精神状态，自我意识。所以人们常说"眼睛是心灵的窗户"。的确在大力推进素质教育的今天，教师眼神的妙用更能收到意想不到的效果。

如果你是一名优秀教师那么你一定在运用眼神这一基本功上技高一筹。

优秀教师凭借自己的眼神来观察学生的行为，获取从学生行为、表情中反馈过来的信息，一方面及时调节教学手段；另外又通过眼神调控学生的行为和情绪。譬如，当学生窃窃私语时，老师的一个警告的眼神。学生回答不上问题的时候，一个鼓励的目光。包含了无以言表的鞭策与信任。

每天到教室上课，我们与学生的沟通最首要的，最平凡的，使用频率最高的方式当首推"眼神"。我们提示学生注意，需要眼神；我们警示学生不要违规，需要眼神；我们鼓励学生的发言，需要眼神；我们期待学生的回答，同样需要眼神……

三、让手势说话

手势可以说是运用最广泛、表达的意思最多、又是最难把握的体态语言了。

广义地讲，手势是身势姿态的一个部分。手势所传达的意思取决于手在动作时动作幅度的大小、快慢、频率等等因素。不同的手势造型能表达人们潜在内心的各种微妙的情感，同时也可描摹出事物复杂的状貌。在戏剧、音乐、影视、舞蹈界都将手称做人的"第二张脸"。在教育界中手势交流也极为广泛。

在教育教学中，手势语是教师必不可少的一种教学辅助手段，是构成教师主体形象的一个重要因素。有经验的优秀教师，总是以文明大方、得体自如的手势语感染学生，激发学生的情绪，引起学生强烈的情感共鸣。

可以说，手势语是教师表情达意的一种有效方式，它有助于描摹事物复杂的状貌，表达潜在情感，有助于有声语言的陈述、说明和强调，有助于组织教学秩序，调控课堂气氛，有助于增强教学的说服力和感染力。但应当指出的是，教师使用的手势语不完全等同于日常生活中的手势，而是一种严格地与讲授内容相一致、与有声表达相协调的艺术化的手势。否则，手势语会干扰教学活动的正常进行。

同时，教师的手势语应当体现对学生人格的尊重和与学生情感上的融洽，努力避免任何一种威胁性、侮辱性的手势出现。

做手势动作可以遵循以下原则：

1. 双臂离开身体，自然、大方。

2. 不做手势时，双手可自然垂放于身体两侧。

3. 依身材决定手势大小。如果身材娇小者宜放大手势。

4. 手势应多变化，但不能太频繁，否则学生会眼花缭乱，效果也会事倍功半。

5. 避免自己习惯性的小动作。

在教学过程中，教师往往注意自己的语言，却忽视了对体态语言的重视。其实，运用动作、表情、姿态等体态语来传达课堂教学信息，调控课堂秩序或气氛，有时会更利于教学，达到神奇效应。总之，卓越教师要利用三尺讲台，恰到好处地正确使用体态语言，扮演一位能绘声绘色地进行课堂艺术表演的角色，使无声语言成为提高教学质量的有效手段。

第四节　三思而后言

　　三思而后行，相信这句话早为世人所知，意思是教人在做事之前要多思考，以免犯下不必要的错误。对于说话也同样如此，在交流的时候，如果能先多考虑一下你所说的话，可能会使你们之间的关系更融洽，反之就会因为"失言"而产生巨大的关系裂痕。

　　古希腊哲学家奇伦有一句名言，那就是"愚蠢总是在舌头跑得比头脑还快时产生的"。

　　语言是思维的外部表现形式，真正有教育意义和启发意义的语言，应该是建立在思维的基础之上的。

　　但是思维也有不是完全正确的时候，它的偏差直接导致了语言的过失，这就是我们常说的"失言"。对这点，人们总是最忌讳的。尤其是教师这个职业，一句失言的话对成人来说可能自己想通之后并不算什么。可学生就不一样了，孩子总是会"较真"的。尤其是对他们一直以来都非常的尊重教师，就会特别把老师"失言"的话放在心上。

　　泰戈尔说过："失足引起的伤痛可以很快恢复，而失言导致的结果可能会使你遗恨终身。"

　　所以教师在对自己说出来的每一句之前都要仔细地想一想。想清楚最重要的是什么话？该说？什么不该说？和什么时候说什么话？以及要怎么说。

　　作为小学一年级历史课教师的古老师就说了不该说的话。

　　历史课上，有学生从上课开始就没有认真听讲，并且一直有说话现象。古老师经过多次提醒也没有多大改善。本来就是一位刚刚做教师的年轻人，容易冲动。由于学生的不尊重，心情就不太好，但也一直压着讲完了这节课。

面对还在窃窃私语的学生就说马上就要期末考试了，希望同学要认真复习，考不了满分，也要尽量考个及格。这时忽然有个学生冒出一句"及格是多少分？"

古老师一直在压抑着的气氛一下被挑了起来，以为是学生在找茬。就很生气、很不礼貌的发问了一句"你傻呀，连及格是多少都不知道？"说过之后就发觉这位同学愣了一下，随之露出很委屈的表情，心里也觉得这句话说的有点过分了。想要补救一下，于是又说："李鹏，请站起来，老师伤了你的自尊了，这说明你还有进取心，想要好好学习……"话还没说完，这位学生就回敬道"我就不想学习！"。

一下古老师真的火冒三丈了："不学来干什么？你给我出去到墙角罚站！"

课后其他学生也说从来没有考过试，真的不知道及格是多少分。也许是真的吧，孩子也需要别人给予信任的。可已经说出去的话也没有办法在空气中在捞回来。碍于面子又不想和李鹏道歉。虽然以后的历史课上，李鹏不在搞小动作，但也没有学习的欲望。对古老师更是能躲就躲，碰上也很快溜掉，假装没看见。

古老师这才明白自己不经大脑说出的那些话真的伤了孩子的自尊，心里也觉得很后悔。

青少年时期的情感交流最纯真、最直率，根本不会转弯抹角。尤其低年级的孩子，不懂得人情世故，他们还看不透大人的言外之意。另外，小学生具有"向师性"的心理特点，对老师尊重、崇拜，在学生眼中，老师是至高无上的。然而，孩子的心灵是一张白纸，老师责任重大，哪怕是一句简单的话都有可能在学生们心中产生巨大影响。

所以，有了古老师的例子，我们教师们以后在学生面前，一定要"三思而后言"。

思考的质量可能与人的智商和情商有关，但思考的时间在允许的情况下可以延长。有些人脑子转得快，遇事能很快产生想法，想法往往脱口而出，所谓才思敏捷，伶牙俐齿；但其想法好不好，却不去过问，说出来产生了什么不好的后果，又追悔莫及。

从主观上说，老师教育学生的话都是抱着一个良好的愿望，出发点都是善意的，希望学生向好的方向发展。但多数教师却因为没有"三思"，主要是效果与方式没有认真思考，结果造成不好的影响。

著名教育家叶圣陶曾说："教育是什么？简单地说，就是养成习惯。"而习惯就是日积月累的细节。培养学生良好的习惯和高尚的情操，不是靠苦口婆心的说教得来的，我们常说"喊破嗓子不如做出样子"、"言传不如身教"，老师在学生面前"不拘小节，信口雌黄"怎么能成为学生的行为楷模，学生能"亲其师则信其道"吗？"天下难事，必做于易；天下大事，必做于细"，深思其中所强调的细节决定成败的道理，对于每一个教育者工作者来说都具有十分重要的启发意义。

第五章
动手操作的基本功

　　时代的发展是如此之迅速，当代的教师想要仅仅凭借一片黑板、一支粉笔、一个粉笔擦就完成教学任务，是注定会遭遇失败的。作为新时代的教师，必须让自己与时代接轨、与高科技接轨，善于使用各种工具、手段来辅助自己进行教学，也就是特别要求教师具有动手操作的基本功。

　　教师动手操作的基本功，除了让科技服务于课堂教学，还包括实验课上、板书的书写上、批改作业的技巧上，应该掌握一些基本的方法。

第一节　让科技服务于教学

多媒体是集计算机技术、录音、录像、实物展示等多功能于一体的现代化设备，随着计算机多媒体技术的发展，现代教学技术已经由传统意义上的电化教育向多媒体教学方向发展，已日益被广大教师所重视。多媒体教学给教学事业带来的好处多多。

一、更新观念、发挥学生的主体地位

在知识经济和信息社会即将到来的巨大压力下我国必须大力实施素质教育，而信息多媒体技术在教育中的应用与普及素质教育的实施提供了便利，在具体实施过程中，教师对自身职能要由以传授为主向以解惑为主转变，在信息多媒体技术支持下，学生可以通过多个通道接受知识：广播、电视、电脑学习软件、网络学校……这些知识传授通道使知识汇成了滚滚激流，涌向学生，使教师的传授功能部分地被取代，而其解惑功能相应需要加强，引导学生由被动接受知识转变为主动探索知识的学习方式，知识经济和信息社会对人的要求不是对知识的占有，而是对新知识的获得。其次，教师和学生的关系由过去的紧密结合型向既紧密又松散型转变。

二、提高教学效率

特定情景是指教师在教学过程中，为了达到既定的教学目标，从实际需要出发引入或创设的，能够引起学生的情感体验，帮助学生正确理解教学内容，提高教学效率的，与教学内容相适应的具体场景或氛围。电教媒体为创设这样的教学情景提供了极大的便利。运用镜头定格、慢放画面、循环播放等形式，是课堂教学过程中创设特定的教学情景所采用的反复法。镜头定格，能突出重点或细节部分，使学生细致观察，认真思考，进而准确表达；慢放画面，能激发的好奇心，使生活中转瞬即逝的现象或过程清晰地重现在学生面前；循环播放，能引起学生的注意力，知道这是学习的重点，以便把它深深地记在脑海里。

三、培养学生创新精神和实践能力

多媒体与活动课整合，体现了现代教育技术与现代教育理念的结合，既突出了多媒体的示范、指导、激趣作用，又充分发挥了学生的主体地位，从而为学生创新精神和实践能力的培养提供了广阔的空间。比如"时事评论课"，通过多媒体多角度、多方位展示相关资料，开拓了学生视野、扩大了知识容量，为学生评论提供充足的素材；与思想品德课密切相关的时政新闻，因与上课时间冲突，学生无法准时收看，而多媒体网络则有利于在学生课余时间进行"新闻补报"；初次参加辩论赛或知识竞赛的同学因没有经验、不熟悉竞赛规则而不敢面对，即使老师极力发动亦难以奏效，而通过多媒体图文并茂的画面展示竞赛现场，使同学们犹如身临其境，连续几次观摩，同学们便能基本掌握一些参赛技巧、规则，并拥有了充分的自信，即使是初次参赛同学，也能从容上场，坦然面对，"万事开头难"也不再难了，总之，多媒体弥补了活动课中的不足，丰富了活动课内容，最大限度地培养了学生的创新精神和实践能力。

多媒体教学完全打破了传统教学理念。也为教师带来了前所未有的困难与挑战。困难在于多媒体教学需要教师要对现代科技产品，尤其是电脑熟练于心。这就对于一些教学方法比较传统的老教师来说是个比较大的冲击。因为在这以前他们从来没有接触过这些东西。不像现在的孩

第五章　动手操作的基本功

子几岁就开始接触电脑、对多数电子产品都很熟悉。

所以，在对科技产品从熟悉到掌握的过程中，除了教师自己要勤加练习，最重要的还是学校要对教师的动手操作能力进行培养支持。采取以在职培训模式为主、多种培训相结合、分层推进的方式，逐步提高教师的综合素质。

学校对全体教师进行多媒体技术培训，使之了解和掌握多媒体技术基本知识和技能。

对有了一定信息技术基础的教师进行多媒体教学设计培训，培训可以采取专家讲座、示范课、竞赛课等形式，以提高学科教师多媒体教学设计的兴趣，使之尝到多媒体教学的甜头。

多媒体教学要向更深层次发展、走向成熟，必须加强现代多媒体教育教学理论与实践的研究。学校对学科教师要下达多媒体教学课题实验任务，让他们在实际的教育教学中取得成功的经验，逐步丰富和提高自身的综合素质。只有这样整体规划、分层实施、"滚雪球"式的培训，才有提高信息时代教师的多媒体教学理论水平和技能，他们也才能够轻松驾驭信息化这列时代的快车。

多媒体教学作为现代教育的一种教学模式，对教育教学各要素起到了很好的促进作用。也为教师实施教学提供了便捷的条件，当然，对于教师是否能够熟练掌握操作多媒体器材，也是辨别普通教师与优秀教师的一种参考。

第二节　实验课上的游刃有余

目前实验课教学中最大的尴尬是什么？答案就是教师领着学生只动嘴不动手。

大多数实验教学还停留在纸上谈兵的阶段，知识只是停留在黑板上、报告中、口头里。学生在教学中还是处在教师的牵引之下的，所以说，实验室中的尴尬归根到底还是因为擅长实验教学的教师队伍明显不足。

据调查：许多学校中物理课、化学课上得就像数学课一样，整天做题目；而生物科则像历史课，整天在背书。

为什么老师们对实验如此缺乏兴趣呢？

主要还是由于实验课相比其他课要麻烦许多。首先在实验之前就需要教师花费大量的课前准备时间，再者在实验教学过程中还要应付实验过程中会发生的许多不可预测的因素，还需要密切地注意学生，不要发生危险之类的。这就致使许多教师疲于应对实验课，因此往往采用讲实验的方法，或者用多媒体来模拟实验过程。

这种做法一方面导致学生得不到身临其境的学习环境，兴趣得不到提升；另一方面，就是使教师越来越丧失实验的基本素养和动手能力。

实验课是这样囿于形式，那我们教学过程中到底需不需要实验课？

答案是肯定的。为什么我们在今天要把实验上升为一种教学？其中一个重要原因就在于它培养了学生的创新精神和实践能力。而且许多科技成果的诞生也是以实验为基础的。所以，实验课上的动手操作能力，

是优秀教师必备的一项基本功。那么，教师如何驾驭实验课，走出实验课的尴尬境地呢？

一、激发对实验课的积极性

许多教师对实验课缺乏兴趣，是和学校缺乏相应的支持有关。激起教师对实验课的积极性，就需要学校能够给予充分的支持，为教师提供良好的创新和研究环境。要做到实验器材配备齐全。经费的使用上，学校要对师生的专利申请提供资助，并设立教师创新实践教育的奖励，充分调动起教师们的积极性。

二、坚定献身教学事业的思想

学校提供了完备的硬件的同时，教师本身也应该做出努力。首先就要在思想上坚定自己的目标，在教室的岗位上立志做一个优秀的教师。对工作兢兢业业、一丝不苟、精益求精，而不应该好高骛远，更不能力图省事在教学中蒙混过关，成天抱着当一天和尚撞一天钟的心态。

三、认真备课，巩固基础知识

教师本身扎实的教学基础知识是上好一堂实验课的保障、前提。平时就要阅读大量参考资料，自觉向有经验的教师学习，定期观摩其他教师的实验课，从而丰富自身的教学修养，达到在实验课上游刃有余的境地。

四、时刻注意意外事故的发生

这是上好实验课最需要关注的一点。没有什么是比安全更重要的，有些实验会涉及到一些危险品的使用，这需要教师在上实验课时要从始至终都要擦亮眼睛。这也是教师不愿意上实验课的根本原因。不怕一万就怕万一。

1. 教师要首先树立安全意识。教师的安全意识缺乏，势必会产生不良后果。因此，实验中教师要密切注意学生的动向，对实验中可能或将要发生的安全问题消灭在萌芽状态，更不能出现脱岗或漫不经心的现象。

2．要学生自觉树立安全意识。让他们知道实验室中的药品有毒性、腐蚀性，一定按规程操作，要了解药品的性质、使用方法、注意事项。养成科学认真的作风。同时让他们相互监督，对于同学中出现的不安全因素敢于制止。

3．在实验中如果出现了安全问题，要谨慎对待。如出现的扎伤、割伤、烧伤、烫伤、气体过敏、药品接触性过敏或中毒、腐蚀等，要立即采取措施给予及时的治疗。坚决杜绝不管不问或救治不力的现象发生。

其实，实验课也不是想象中的那样复杂、繁琐、令人紧张，只要把握好实验中应该注意的问题，扎扎实实地做工作，就能够轻松驾驭。

实验课同其他教学工作一样，是完成教学目标、教书育人的一个重要组成部分。更是检验优秀教师工作的一个重要标准。什么叫做优秀？就是别人不能很好完成的工作，你却做起来游刃有余，并能够出色地完成。

第五章 动手操作的基本功

第三节　板书：把语言文字化

　　板书是课堂教学的重要辅助手段，精彩的板书更是教师在完成成功课堂中的无声助推器。无论怎样形容板书的重要性都不为过。

　　板书可以弥补口头语言的不足，使学生的视觉跟听觉相互配合，更好地感知教师讲授的内容。板书设计是教师教育工作的重要组成部分，是优秀教师必备的基本功之一。

　　有人说黑板是老师的"责任田"，形象地道出了板书的重要性。好的板书可以提高教学效果，增强学生的感受能力，还可以获得一种美的享受。同时，板书还可以直接或间接地反映出一个教师方方面面的能力。

　　在如今这个多媒体盛行的时代，许多老师都用声像俱佳的课件替代了传统的板书。虽然声像能够给学生更直观的感受，但稍纵即逝的课件来得快，去得也快，不能给学生留下多少痕迹。但是一个好的板书，就是一篇"微型教案"，能够将作者的写作思路和教者的教学思想以及学生的学习过程清晰地展示出来。因此，板书是教学设计中不可缺少的部分，它不仅是一种教学技能，更可以称之为是一门教学艺术。

　　首先，板书是课堂教学重要的组成部分，更是教师的微型教案。教师根据教学的需要，在黑板上用文字、图形、线条、符号等再现和突出教学主要内容的活动。板书设计体现和反映了教师对教学内容的理解和运用程度，也反映出一个教师的教学功底和在教学上的创新程度。

　　板书既是一门科学，又是一门艺术。称它为科学，指的是它将课文内容系统化、桀埋化、形象化，有助于突出教学重点，突破教学难点。说它是艺术，指的是它能综合运用文字、图画、线条、色彩等手段，强化表现力，让学生的思维产生联想，让审美观点受到感染和熏陶。

其次，板书是优秀教师素质的体现，从板书中我们可以直接看出一个教师的书写能力。一个教师，尤其是一名优秀教师，应该处处为人师表。而粉笔字正是老师的"门面"，学生看得最多最清楚就是教师的板书了。

如果老师板书时能又快又好，学生会产生一种钦佩感，会认真看和细心模仿。这就从心理上为教学提供了有利因素，久而久之还可以提高学生的书写水平和作业的质量。

再次，从板书的设计中，我们可以看出一个老师的逻辑思维能力。能力强的老师能通过简洁的板书，清楚而完整的将自己备课时的思维过程准确的表达出来，学生记得少却收获多，教者轻松学者也轻松，并可以节约出不少时间让学生多练习。

最后，从板书中我们可以看出一个老师是否有计划性和把握能力。一堂课如果内容多往往要擦一次或几次黑板，这是正常的。但应该是将要讲的内容板书和讲解完了再擦，也就是要顾及到讲解内容的完整性。

可以说，板书的每一个细微之处都体现了一个教师的基本功掌握程度。是教师生涯中不可忽略的一个环节。那么，怎样才能写出一个好板书呢？

一、注意教学板书设计的目的性

任何一则好的板书，都是为一定的教学目的服务的。教学板书设计要根据教学的实际需要，确定是否有采用板书，用何种形式，怎样运用板书等。

二、注意教学板书设计的整体性

教学板书的构思与设计，应注意从整体上反映教学内容的特点和结

构，同时注意使教学板书自身也形成一个相对完美的整体，使构成板书的各要素像文字、符号、线条、色彩、图像等和谐地统一在一起，为共同的教学目的服务。

三、注意教学板书设计的制约性

教学板书的构思与设计，要受到多种因素的制约。不充分考虑到这些制约因素的影响，只凭教师主观意图设计出来的板书，往往不能收到预期效果。所以，教师在构思设计教学板书时要注意：

1. 学科特点的制约

教学板书设计应结合学科特点和课的类型、要求进行，文科如语文、历史、政治等课堂教学中的板书设计，与理科如数学、物理、化学等课堂教学中的板书设计有所不同。外语、音乐课堂教学中的板书设计与上述几门课程的板书设计又有所不同。设计时既应注意其共性，又要考虑其特点，才能恰到好处。

2. 学生程度的制约

教学板书的内容与形式，要适应学生和年龄特点和接受能力而设计，可随着学生发展程度的不断提高，逐步地由简到繁、由浅入深、由具体到抽象，使教学板书在适应学生特点的基础上积极地促进学生的发展。

3. 时空条件的制约

教学板书的设计，不能脱离教学的时空条件的实际。比如要考虑到课堂教学的时间，黑板的容量以及书写或作图的工具等客观条件是否具备或容许。不要因板书设计得不合理，而在运用时费时、费力、完不成教学任务，影响教学的质量和效率。

板书设计体现了教师的教学功底和理念。虽然多媒体技术发展很快，但板书设计绝不能丢。好的板书设计能够统领全课，提纲挈领，画龙点睛，构造知识体系，吸引学生的兴趣，给人一种美的感觉。

第四节　批改作业的讲究

　　批改作业也是一名优秀教师必备的一项动手能力。它是教学中一项非常重要的常规工作，是课堂教学的补充和提高。批改作业不仅仅是对学生的课堂学习的检查，同时也是教师自己对教学任务完成的好坏与否的一个重要衡量标准。

　　因此，批改作业不是简单地看看学生作业做得是否正确，更不能凭着自己的灵机一动、信手拈来就写下评语。批改作业的关键之处还是要从中了解到学生学习得如何，学习环节中的薄弱点在哪里？根据情况来调节教学方案，提高教学质量。所以说，作业的批改在教师的教学活动中发挥着重要的作用。

　　教师批改作业，实质上是一个充满创造性、艺术性的行为；但又要求教师不能随心所欲，想怎么批就怎么批。那么，教师批改作业，都应该注意哪些问题呢？

一、及时批改

　　教育心理学研究表明，学习中信息反馈越是及时恰当，学生的学习效果就越好。学生不管是差生还是优等生，作业或测验后都急切地想了解自己的答案是否正确。

　　根据学生这一心理，在学生完成作业后最短的时间里，教师就应该努力及时地对作业做出评定。因为当学生及时得到学习结果的信息反馈时，他们就能在印象鲜明，记忆犹新的情景中，对自己的学习活动做出

调整和矫正。教师应在学生完成作业后尽可能短的时间内向学生反馈作业情况，这样也可以避免因错误在学生脑子里停留时间过长而打下"烙印"，以致造成纠错的反复性与艰巨性。

二、认真仔细批改

不管作业量大小，教师在批改时都应认真、仔细，尤其对初学的新知识，学生在书写解题过程中存在的问题，往往不会及时询问老师或同学。如果我们老师只是进行粗略批改，他会以为他的题没有什么错误。当发现学生数学作业中出现错误后，教师不应该只作简单的对错判断，而忽视学生出错的原因。最好在批改作业时在学生错误的地方做上提示符号，而且尽量不打"×"号，而打"？"或画波浪线、圆圈，让学生自己去思考、改正。找到错误的原因和正确方法，及时解决问题，进而真正掌握所学知识

三、引入批语

大部分教师在批改作业的时候，不是打"√"，就是打"×"。很多学生发到作业就一把塞进书包，看也不看，成绩也越来越差。作业是学生辛勤劳动的结晶，每个学生的内心深处都有一种被肯定、被尊重、被赏识的需要。我们教师应该用赏识的眼光和心态去批阅学生的作业，从中寻找闪光点，使学生的心灵在教师的赏识中得到舒展，让他们变得更优秀、更自信。因此在批改时切不可马马虎虎，敷衍了事，否则会对学生产生不好的影响，使他们心里反感，甚至打消做作业的积极性。

最好能用一些表示赞赏与鼓励的符号，比如用"☆"号表示完成了作业；用"☆☆"表示书写整洁，用（一个笑脸）表示优秀；用（两个笑脸）表示有创新精神等。批改作业时要针对不同学生，采取不同的方法，特别是对于急需鼓励的中等生和学困生，及时有度的进行激励性评价，可以在很大程度上激发他们的学习热情，教师应坚持将学生不与别人横向比较而与他本人纵向比较的方法，营造出一种宽松、愉快

和谐的氛围，使理性的作业多了点人文关怀，从而把做作业过程变成了学生体验快乐、体验成功的过程。

过一段时间你就会发现，学生作业效果好了，积极性也提高了。

除此之外，教师们还可以尝试让学生们互相批改作业，这不但调动了学生们写作业的积极性还能在批改别人作业的时候，再加以巩固自己的知识。当然，这其中需要教师专业的指导走进学生的心灵，关注学生的发展，从内心深处赞赏、欣赏每一位学生，与之建成和谐的师生关系，使每个学生把作业当作与教师交流的机会，获得一种自我满足与成功感，在获得知识的同时，体验着尊重、信任、友爱和鼓励。我将不断探索，积极反思，发现学生的兴趣所在，采取合适的方法，相信学生做作业的效果会更好。

第五章　动手操作的基本功

第六章
观察分析的基本功

　　优秀教师要具备敏锐的观察力，全方位审视每个学生，进行针对性的课堂暗示，以达到预期的效果。观察力是优秀教师的重要施教能力，它的良好发挥需要建立在教师对学生充分地了解基础之上。教师只有掌握了学生的思想动向，才能有选择地进行细致入微的观察，发现他们思想和行为的微妙变化，才能施与行动，督促学生实现自我能力的提高，自我管理意识的增强，形成终生受用的教义。

第一节 走进学生的心灵

观察学生、走进学生们的内心世界是为学生提供适宜教育的前提，也是教师专业发展的重要途径。教师只有在充分了解了自己的学生之后，包括学生的智力发展水平、行为特点、兴趣倾向和学习风格。才能给出正确的分析结果、制定出符合学生特点的教育方案，并在教学过程中根据学生们随时的表现及时作出调整，从而保证教学的适宜性和有效性，从而登上优秀教师的行列。

从目前学生们的智力等各方面的发展水平来看，提高教师的观察能力显得越来越重要。

然而在实践中，受多方面因素的影响，许多教师还不太会观察学生，观察的意识和技能不强，观察目标不明确，往往捕捉不到有教育价值的关键信息，也不太会对观察到的信息进行分析，因而很难根据观察到的信息制订教育计划、组织教育活动。

因此，提高教师的观察能力成为优秀教师需要掌握的一项基本功。

观察分析一旦落实于现实中去，可能有些年轻的教师会有迷惑。到底要观察什么？又分析什么呢？又应该怎样去观察分析，这里需要教师具备特殊的能力吗？又可以利用哪些工具来促进我们的工作呢？

一、观察分析中需要具备的专业能力

教师对学生观察分析的过程中，除了了解观察的基本概念与技巧之外，最重要的是要能清楚明白自己观察的动机，知道自己的最终目的是

什么，优秀教师是要经由演练来积累经验，用方法培养出专业的观察能力。

实践表明，优秀教师的观察分析需要具备八项基本能力：辨识观察动机的能力；追求可靠讯息的能力；观察工具的选择或制作工具的能力；反省主观情绪或成见的能力；区分客观与主观的能力；叙述与摘要行为的能力；诠释用词的能力；提出行为假设的能力。

二、教师进行观察分析的角度

教师对学生进行观察分析，这还得按学生的客观发展规律以科学的教育观进行观察。从不同的角度来区分，有以下六种观察：横向观察和纵向观察，整体观察和个别观察，随意观察和有意观察。

这六种观察均有其必要性，它们是互补的，相辅相成的。横向、整体、随意的观察，过去用得较多，纵向、个体、有意的观察是目前教师中比较忽视的，按照教改的需要，现在应予以强调。因此，教师要努力提高后三种观察能力。教师在观察到某种现象后，还必须加以思索、分析、归纳，确定隐藏在现象后的实质。

三、观察分析的具体途径

在对学生的观察分析过程中，教师们应该主要采用观察记录的方法，科学合理的使用观察记录表，注重观察的实效，有效提高教师的观察能力。

现在的教育模式，不是教师与学生一对一的方式，一个老师要面对的可不是一个学生那么简单。在这种集体教育活动中进行观察、记录是我们进行观察的一种形式。

通过主题活动来观察学生是进入学生心灵的重要方式和途径。教师可以多组织这样的活动，并在活动中对学生们的表现加以记录。但是，通常这种活动，又要组织还要记录，一个教师很难会应付得很好，需要两个教师加以合作。所以，可以两个班级合在一起举行，如此还加深了学生之间的交流。

进行此项记录时，记录人不是组织孩子活动的老师，组织活动的老师专心组织学生们进行教育活动，记录老师在一旁认真观察孩子在集体教育活动中表现。如同学在回答问题的情况、是否认真倾听老师讲课的情况、和同伴之间交流的情况、是否积极主动参与老师组织的活动等等。所以要仔细进行记录。

教师要注重观察的递进性，使观察活动层层深入。在连续性观察中，教师往往容易受到观察主题的限制，不能及时发现问题或针对学生发展情况提出更高的要求。当教师看到预期目标以及功能达到时，观察活动也就停止了。这种停留在原有目标层次的观察很难使观察活动层层递进，深入进行。为了避免出现这种情况，教师自己强调注重观察的连续性，使观察达到循序渐进的效果。

需要注意的是：教师对学生们的观察分析，是一个持续性的工作。学生们是不断成长的，每个阶段都有每个阶段的特点，所以我们教师的工作也要随着学生不断地前进。

观察能力是属于外在的态度、技巧、行动上能立即做到的，但是分析、判断等部分，就比较不容易立即达到标准，所以，仍需要做长期的联系，从不断的搜集讯息来循环验证、修正观念、积累经验。

走进学生的内心世界，只要你用心、用对方法，就不是难事。只要坚持不懈的努力一定会做到灵活运用这项基本功的。

第六章 观察分析的基本功

第二节　不良心态的矫正

　　眼睛看到的通常只是表象，想要了解一个人的内心，还得用心去看，才能看得彻底、看得明白。而一个人在用心去看东西的时候，大多都是通过心中一道有色的镜子来观察，所观察的结果与镜子的颜色有着直接关系。也就是说，对学生观察分析的结果与教师自身的心态有直接关系。

　　而良好的心态就会做出客观的分析；反之，就会通过偏差的观察进行错误的分析进而得到错误的结论。所以，教师心态的好坏直接决定了教师对观察分析的这项基本功掌握熟练程度。

　　这里有一篇学生作文，题目是：《我想做个好学生》，文中叙述自己不管怎样努力，与老师的要求总是存在着差距，因而，感叹："童话毕竟是童话，现实中的丑小鸭终究是只丑小鸭，它永远变不了白天鹅。做个好学生，咋就这么难！……"作文的字里行间流露着灰心失望的情绪，对老师的求全责备、吹毛求疵充满了疑惑与不满，同时也表露了希望得到老师的肯定与鼓励的渴望。

　　通过这篇作文可以看到确实有不少老师在工作中对学生，尤其是对后进生总存在着或多或少的挑剔、偏见心态。于无形中透过一副有色眼镜对学生横挑鼻子竖挑眼，这种坏心态误导了教师对学生的观察，分析后采取的措施又大大地打击了学生的积极性。

一、教师不良心态的形成及原因

1. 期望心理

期望做出优异的成绩是教师的共性心理，这种共性心理往往表现为两个方面：一方面是自我期望，即对自我人格、价值、自我实现等方面的期望；另一方面是对学生的期望，期望学生能不断进步，达到预期目标。由于教育工作的特殊性，一般来说有出色的学生便意味着有出色的老师，所谓"强将手下无弱兵"。这就要求全体学生以最佳状态投入学习活动，教师对每个学生都寄予厚望。期望值越高，教师的心理负荷也就越重，一旦学生稍有偏差，教师往往就容易表现出一种近乎苛求的严厉。

2. 权威心理

在教育活动中，教师的身份和地位使他对学生有奖赏或强制的力量，教师处于教育者和管理者的身份、地位。学生对教师的服从与尊重是教育活动得以顺利开展的基础。但是教师如果只着眼于表面现象，过分追求权威效应，从而走向极端，凡是教师说的，学生听也得听，不听也得听；正确的学生得服从，不正确的学生也得服从。这种心理的流露无疑会在师生之间竖起一道屏障，造成学生对教师的反感和背离，导致教师在学生心中信任度的急剧下降。自我感觉良好的教师面对学生的冷漠缺乏必要的心理准备，从而形成强烈的自我反差，这种反差诱使教师自觉不自觉间以角色优势对学生吹毛求疵，对一些具有逆反心理的学生尤甚。

3. 代位心理

代位心理是教师以其本身为参照系，对学生做出的审视与判断。每当遇到一种情况时，教师往往下意识地用自己所拥有的优势和心理定势、处置方法同学生相对照，这种对照的结果是得出一个应该怎么做的标准。然而，事实上，学生常常难以达到这样的标准。教师则感到不可

思议，这种不解与不满，便成了不正常心态的催化剂。

4. 焦虑心理

在实施课程改革的今天，社会对传道、授业、解惑的教师有了更高的要求，教师既要有博学多才的智慧、现代化先进的教学理念和创新求异的思想观念，也要有健全高尚的人格和健康的心理状态，可以说社会要求教师应当是最理想的"完人"。同时，教育内部的竞争也日益激烈，职称评定、教师聘任、末位淘汰、按绩取酬等等，有的学校片面强调升学率、平均分，考核、落聘、待岗、下岗始终是教师心头挥之不去的阴影。外忧内患，教师的心理承载着多重压力。现实工作中，为求得心理上的平衡，这种压力最终又转变成了对学生的严格要求，"恨铁不成钢"的埋怨也就顺理成章地成了教师焦虑心理的导火索。

如果教师通过以上的举例发现了自己确实具有这样或那样的不好的心态，那么一定要及时及早的进行矫正。

二、教师不良心态的矫正方法

1. 善于理解

正如《论语》中所说："子绝四：毋意、毋必、毋固、毋我。"即不要主观臆测、不要武断专横、不要固执己见、不要自以为是。教师要能接纳学生，横加指责或许维护了师道的"威严"，却以牺牲自身的威信为代价。理解学生还要对他们在学习、生活、思想、情感等方面变化能及时作出反映，也就是要"知人"。

2. 善于宽容

爱因斯坦曾经指出："善于宽容也是教育修养的感情问题。宽容之中蕴含的了解、信任、等待，表明了教育者对自己教育对象积累了足够的信心，也渗透了一种对事业、对孩子诚挚的热爱。"宽容不是对学生过错行为的消极迁就，而是温情提醒，原谅他们的年幼无知和不成熟。因此，宽容也是一种促使学生健康成长的态度；是对学生的一种信任与期望、尊重与保护、促进与等待。教师这种认可和容忍的态度，可以使学生产生相应的态度体验。宽容的力量是巨大的，他能激发学生对教师的爱戴和尊重，焕发学生积极向上的信心与热情。

3. 善于换位

心理换位是指在教育过程中，教师把自己置身于学生的心理位置去体验、认识和思考，从而选择有针对性的方法来处理问题。即所谓"设身处地"、"将心比心"。通过移情深入到学生的内心世界，体验学生的情感。这样才能洞察学生接受教育的最佳心理状态，从而采取相应的措施去拨动他们心弦，点燃他们心中的火焰。如在做后进生的转化工作时，一定要设身处地体会他们的苦闷、忧虑，用心去换取信任，用温暖、用情感去消除隔阂。做到："要爱不要恨，要教不要训，要管不要整，要拉不要推，冷处理，热定型。"

4. 善于发现

我们或许不难做到以欣赏的眼光看待那些成绩表现好的同学，但对那些后进生来说便很难了。正如找不出十全十美的学生一样，也不会有一无是处的学生。挑剔心理的存在，就像操持着一把显微镜有意地在寻找学生的缺点。然而铺天盖地的批评、指责，对后进生的转化是徒劳无益的。"数子十过，不如奖其一功。"作为教师，应揣着一把便于携带的放大镜随时随地发现他们的优点，让他们得到鼓励，品味成功的快乐。

一张白纸上，有一块污点，我们看到了污点，但不能忽略了其余大块的白纸。挑剔、偏见等不良心态的存在犹如透过一块蒙着灰渍的玻璃去观察外面的世界，先入为主的阴影让一切暗淡无光。让我们教师擦亮玻璃，这样，透过明净的窗户，看到的必将是焕然一新的景观。

学生们今后的发展之路需要教师们的严格把关。把关的效果如何还要看教师做站位置的正确与否。金无足赤、人无完人，教师也一样。但基于我们教师的职业特点来看，如果有不良心态已经深深地影响了您对学生做出正确判断的话，就应该及时地对此进行矫正。这不仅仅是学生的福气，更是教师自己的福气。因为您又向着优秀教师这一行列迈进了一大步。

第六章 观察分析的基本功

第三节 运用期望效应策略

什么是教师的期望效应？

教师期望效应是一种情感效应，亦称"皮格马利翁"效应。是1968年心理学家罗森塔尔和雅各布森通过实验共同提出的。是指在教学活动中，教师期望能引起"实现预言效应"。即教师根据对某个学生的认知而形成一定的期望，促使该学生朝着期望的方向发展，而最终使预言成为现实，主要表现为对学生的学习成绩和行为表现所产生的影响。

教师期望效应的成功率主要取决于教师期望与学生期望的整合程度，了解教师期望与学生期望整合的策略对推动师生共同发展起着至关重要的作用。

通常，教师通过对学生的观察分析后，对有"问题"的学生都会采取一些改进措施。例如学生学习不积极、性格过于内向不合群等等。而采取的措施也不过为"逼"、"压"、"哄"、"卡"、"罚"等手段，学生视老师的威信和尊重，在这些威逼利诱的外因作用下做出一定的改正，但是内心呢？如果过来一段时间，老师不再顶着自己了，很难保证学生们还会以偏离自己的意识为代价而乖乖地听话。这样，从根本上就并不能解决学风建设上存在的根本问题。要彻底杜绝孩子的错误行为的话只有从学生心理辅导上入手，运用教师期望效应理论，以教师期望变学生期望。

不得不承认，教师成功运用期望效应是有一定难度的，但教师一旦熟练掌握了这种方法，其结果却是一劳永逸的。那么，教师应该如何成功地运用期望效应的策略呢？

一、树立正确的教育教学观是形成合理期望的前提

心理学的研究认为，每个学生都有一种内隐的潜质，而且每个学生都有充分表现自我，发挥自己潜能的欲望。这是学生们内心的东西就需要教师用心去发现，不要被孩子们伪装自己的皮囊所误导。

发现之后，如果教师用期望和爱心去给予激发、刺激，就会或快或慢，或早或迟地展现其积极的方面，使学生朝着教师期望的方向发展。教师要关注每一位学生全面健康的成长，把学生当作学习和发展的主人，用发展的眼光去看待和期望学生，相信每一个学生都存在着巨大的发展潜能，都具有闪光点，发挥每位同学的学习积极性和主动性。不仅对学优生保持正常的期望，更要对用坏习惯伪装起来的学生保持莫大的关怀与期望。既要看到每位学生的好处和优势，也要找出每位学生的缺点和不足，让他们在优势项目中重拾自信，激励他们去寻求更大进步的心理，从而弥补自身的缺陷，为他们的终身发展奠定坚实的基础。

二、全面地了解和评价学生是形成合理期望的基础

每个学生由于先天神经类型和后天环境影响不同，各自的能力发展和个性特点必然有别。同一要求和任务，不同的学生会根据自己的特点做出不同的反应，产生不同的结果。因此，教师应该熟悉每个学生的情况，对每个学生的认知结构和个性特点进行分析，力求获得每个学生全方位的信息，从而对不同学生形成不同的期望，制定适合学生发展的期望目标。

教师在具体利用和设置期望目标时，不仅要使期望目标与学生的需要有机结合起来，而且还要根据学生的需要层次设置远近不同的期望目标。目标不能偏高或偏低，要建立在学生的"最近发展区"的基础上。哪些学生能够期望什么，不能够期望什么；哪些学生先期望达到什么程

度，下步期望达到什么程度等等，都应心中有数，有的放矢。那种整齐划一、不分伯仲和一味追求高要求、不切实际的教师期望，只会损害学生的积极性，压抑学生的个性成长，都不可能收到良好的教学效果。

三、促进教师期望与学生自我期望有机整合是形成合理期望的根本

教师期望和学生自我期望是相辅相成的，学生自我期望的输出，也是教师期望的输入源之一。如果学生的自我期望与教师的期望一致，师生之间就会产生"和谐共振"，教师的期望就会产生正效应。

首先，教师要经常并善于进行心理换位，即设身处地地从学生年龄特点、所处地位和环境去看问题，来体验和感受自己对学生的态度，并经常回忆自己作为学生的学习情景，回想过去老师对自己的期望和自己对教师行为的感受，以此来调整和改进自己的期望。

其次，教师要及时了解学生的自我期望，根据实际情况将教师期望做出相应的调整或改变。如果学生在学习过程中表现出比以前更加自信，焕发出一种积极向上的热情，这就说明教师期望收到了一定成效。

再次，要引导学生根据自身实际，养成自我评价、自我监督、自我调节的能力，自觉调整或改变自我期望，以促使自我期望与教师对自己期望的整合一致。教师期望应以信息反馈作为调整的杠杆，具有动态发展性。经过一段时间，教师要对学生是否达到预期目标进行总结，对达到目标者再提出新期望，对未达标者进行分析，帮助找出失败的原因，确定努力的方向。

四、提高教师期望有效传递效价是形成合理期望的是途径

教师要善于运用各种言语的和非言语的肯定评价，了解哪些行为与正效应相关，哪些行为与负效应相关，把自己对学生的积极期待以适当地行为及时传递给学生。在教学过程中，教师应以和蔼的态度、亲切的语言和恰如其分的行为为学生营造和谐民主的心理环境，而不应以冷漠、命令、中伤的态度对待学生，使学生有充分的被尊重和被关怀感，激发其积极而热烈的情绪，在学习中表现出强烈的求知欲，积极主动地投入学习。特别是对学困生更要表现出关怀，鼓励他们哪怕取得微小的进步。同时，教师要善于应用表扬与批评，对学生的进步、良好的行为等要及时予以表扬，而对其退步、不良行为等要及时予以提醒，但批评不可过度。在学生达到预期目标时，教师给予肯定和适当的奖励，让他们体验到成功的喜悦，产生自我效能感，激励他们积极行为的发生，提高教师合理期望的效价。

　　总之，只要教师对学生充满殷切的期望，付诸行之有效的行为倾向并将期望信息传递给学生，做到教师期望与学生自我期望的协调一致。不仅学生会从教师的积极期望中导致良好的行为表现，而且教师也会从学生积极的行为变化中，又获得教育成就感，如此循环往复，必然会进入一个由期望效应引起的良性循环之中，这无疑有助于师生共长。

第六章　观察分析的基本功

第四节　培养学生的问题意识

　　身为一名教师的您，在讲完一节课之后，问到："同学们，这堂课讲的内容都听懂了吗？有没有不懂的问题？"教室里鸦雀无声。这时，您不要沾沾自喜，别以为这节课所讲的知识同学们已经消化了，学生没有问题的原因也可能是他们并没有发现问题。也可以说您的学生目前为止还没有在心里建立起一种问题意识。

　　问题意识是指学生在认知活动中意识到一些难以解决的、疑虑的实际问题或理论问题时产生的一种怀疑、困惑、研究的心理状态。它在学生的思维活动和认知活动中占有十分重要的地位。培养学生的问题意识，不仅关系到学生的全面发展，而且关系到新课程改革成功与否。

　　有些学生，老师讲什么，他听什么。并没有深入地去思考这个知识点到底是怎么回事，只是认真地听完了，会不会还是另外一回事。如果在这时，教师没有注意到学生的潜在内心问题的话，还误以为自己讲的他们都懂了，时间长了，学生的迷茫积累的久了，就会产生大麻烦了。所以，在教学中，教师们要抛弃学生们的表象去挖掘其内心，追其本质。让学生们养成自己发现问题的好习惯。孩子们没有问题可不是什么好事，而是预示要出问题的大问题！

一、学生缺失问题意识的原因

　　我们经常会看到一个两三岁的小孩拉着父母的手不停地问着为什么，对任何事都好奇的很。可随着年龄的增长，问题却越来越少了，是所有东西他们都会了吗？不需要再产生疑问了吗？恐怕不是这样的。

有人把学生问题意识缺失状况形象地形容为：小学生入学时像个"问号"，高中毕业时却成了一个"句号"。在调查中：在上课听讲遇到问题当场主动提问的学生中，小学生占13.8%，初中生占5.7%，高中生占2.9%。进一步的研究分析表明，没有把握就不举手的学生更多：小学生占34.8%，初中生占48.8%，高中生占42.8%。导致这些状况的原因是多方面的：

1. 教师权威的压制

在现代社会，教师对于知识的权威性地位仍无可置疑。面对"无可置疑的东西"，学生没有什么问题，也不敢有什么问题。学生把教材和教师所讲授的内容视为"圣经"和金科玉律，当作绝对真理。学生在课堂只能静听、接受、服从，对书本上知识的正确性和教师的权威性不会、也不敢怀疑和反驳。更甚者即使偶尔有所怀疑和反驳，也很有可能被视为"叛逆"和"犯上"，遭到教师的训斥而被打入"冷宫"。

2. 应试教育的遏制

应试教育关注的是纯记忆的知识。在"书山题海"中，学生无暇也无力深入思考问题，缺乏对问题的敏感性。教师灌输教材、教案，不引导学生主动探究，不给学生产生问题的时间和空间；奉行"目中无人"的教学模式，把学生视为知识的容器，缺乏培养学生问题意识的意识与策略。

3. 教学方法的误导

在课堂上，"问"的权利被教师垄断了。且教师的"问"大都成了检查学生背书本、记答案的一种方式；或是用来诱导学生的思维沿着事先确定的"行进路线"前进的策略；或是用来制造热烈场面的手段；更有甚者，把提问当作惩治那些不注意听讲、思想开小差的学生的杀手锏。尽管有时也出现学生向教师问问题，然而这种"问"大都是教师要求学生掌握，而学生又不懂的问题，返回向教师要"标准答案"的问。在这样的教学方式下，学生问题意识的缺失，则成为必然。

二、培养学生问题意识的方法

具体地说，培养学生的问题意识，要经过以下三个环节：

1. 生疑——让学生产生问题

要让学生产生问题，首先要培养学生的怀疑精神，增强学生的怀疑意识。笛卡儿曾说："要追求真理，我们必须把一生中所有事物都来怀疑一次。"增强学生怀疑意识的措施主要有：

方法生疑。对于同一个事实，有人能够提出问题，有人却不能提出问题，可见，能不能提出问题是有方法可言的。关于如何在无疑处产生问题，台湾著名教育家陈龙安教授集多年教学经验和研究成果，提出了创造性思维发问技巧"十字口诀"，即"假列比替除，可想组六类"。"假"——"假如"的问题，即要求学生对一个假设的情境加以思考，可用人、地、事、物、时（过去、现在、将来）的假设发问。"列"——"列举"的问题，即列举出符合某一条件或特性的事物或资料，越多越好。"比"——"比较"的问题，即就两项或多项资料特征或事物比较其异同。"替"——"替代"的问题，即用其他的字词、事物、涵义或观念取代原来的资料。"除"——"除了"的问题，即针对原来资料或答案，鼓励学生能突破陈规，寻找不同的观念。"可"——"可能"的问题，即要求学生利用联想推测事物的可能发展，或作回顾与前瞻的了解。"想"——"想象"的问题：即鼓励学生充分运用想象力于未来的本物。"组"——"组合"的问题，即提供学生一些资料（字词、事物、图形等），要求学生加以排列，组合成另外有意义的资料。"六"——"六 W"的问题，即利用英文中的 who（谁）、what（什么）、why（为什么）、when（什么时候）、where（哪里）、how（如何）作为发问的题目。"类"——"类推"的问题，即将两项事物、观念或人物直接比拟，以产生新观念。

讨论生疑。讨论的过程实质是相互竞争、相互诱导、相互激活的过程，学生的创新思维和想象在讨论中一旦被触发，就能迸发出创新思维的火花，甚至可以形成汹涌的创新思维浪潮，激活学生从多角度、多层次去思考问题，产生一个又一个问题。头脑风暴法就是讨论生疑的一个重要方法。头脑风暴法是指思维高度活跃，打破常规的思维方式而产生大量创造性设想的状况，特点是让参与者敞开思想，使各种设想在相互碰撞中激起脑海的创造性风暴。在研究性学习中，头脑风暴法效果突出。

相对生疑。任何真理都具有相对性，没有放之四海而皆准的真理，一切以时间、地点、条件为转移。条件变化了，真理的存在就成了问题。我们可以引导学生通过举例对普遍性的理论做相对性的认识，从具体的角度进行质疑，以此引发问题。

2. 求疑——让学生爱问问题

学生有了疑问，还应该使学生把问题问出来，求得答案。但在现实的教学中却发现，太多学生不是没有问题，而是不愿意问问题，结果使得问题胎死腹中。久而久之，学生会变得对问题麻木了，不但不努力寻求"是什么"，而且也懒得思考"为什么"。那么，怎样才能使学生主动问问题呢？罗杰斯认为，一个人的创造力只有在他感觉到"心理安全"和"心理自由"的条件下，才能获得最优表现和发展。专家分析认为，学生不愿提出问题，主要是学生的提问、表达受到各种限制，可能还会招致教师的指责甚至挖苦、批评，于是因怕给自己惹麻烦而不提问题的学生只能是越来越多。因此，要让学生敢问、爱问，必须清除学生的心理障碍，为学生的"问"营造氛围。

首先，要建立平等的师生关系。教师和学生是平等的学习者，教师并不是什么都知道，教师传授的知识也不是都正确。因此，教师要鼓励学生质疑自己和教材，鼓励学生提出问题和自己共同探讨。作为学生学习的促进者，课堂教学中，教师应积极地看、认真地听、设身处地地感受学生的所作所为、所思所想、积极鼓励学生质疑问题，允许出错、允许改正、允许保留意见。对学生提出的一些意想不到的"高见"，要及时采纳并给予充分肯定。

其次，要创设宽松的教学环境。激发学生问题意识的关键是要创设宽松、安全的环境和氛围，增进教学民主，消除学生的紧张感、压抑感和焦虑感。宽松、民主、和谐的教学氛围，是传授知识的无声媒介，是开启智慧的无形钥匙，是陶冶情操的潜在力量。只有在民主、和谐的氛围中，师生平等对话，学生才能张扬个性，培育起探索未知的信念、意志和品质，释放出巨大的潜能。

3．解疑——让学生善问问题

不会或不善于提出问题的学生，尽管思维比较活跃，但因存在知识、经验、语言等的障碍，或限于思维发展的水平，提问不得要领，浮于表面，缺乏深度。教师要在巩固学生已有问题意识的基础上，不断提高学生的思维能力，提高其发问水平。

教师还应当教给学生一些提问的技巧，提高学生的思维品质。首先，教师要让学生明确提问的种类。按照布卢姆目标分类法，可以分为两个层次的提问，低层次的提问包括知识提问、理解提问、运用提问，高层次的提问包括分析提问、综合提问、评价提问。低层次的提问有利于知识的巩固，高层次的提问有利于创新思维的培养。

其次，教师要适时诱导点拨，教给学生提出问题的方法。可以在文字上、方法上、矛盾中教给学生质疑的方法。如在思维种类上，有求同思维、求异思维、横向思维、纵向思维等。在逻辑方法上，有比较法、统计法、优选法等。这些都是学生提出、分析、解决问题的有效工具。

最后，培养学生的想象力。爱因斯坦说："想象力比知识重要，因为知识是有限的，而想象力概括着世界上的一切，推动着进步，并且是知识进化的源泉。"爱因斯坦的狭义相对论、魏格纳的大陆漂移假说、霍金的大爆炸理论都源于他们的合理想象。在教学中教师要开放时空，保证学生思考的时间，拓展学生的思维空间。同时，教师要鼓励学生求新求异，异想天开。"不怕做不到，就怕想不到"，这句话包含着合理的因素。

笛卡儿说："我思故我在。"思维着的精神是地球上最美的花朵。

问题促使学生思考，思考带给学生幸福。德谟克利特说："宁肯找到一个因果的解释，也不愿获得一个波斯王位"。培养学生的问题意识，就是培养学生进取的人生态度，就是教给学生创造美好未来的本领。学生如果能够积极地、科学地、创新地提出问题，那就表明学生已经在用自己的心灵感受世界，用自己的眼睛观察世界，用自己的头脑思考世界，他已经成为了学习的主人。

其实，在课堂上只要多启发，多诱导，学生的问题就往往会接二连三，令你应接不暇地提出来！

记住，没有问题才是最大的问题。

第六章　观察分析的基本功

第五节　善用暗示的强大力量

暗示是人们日常生活中，最常见的心理现象。它是人或环境以非常自然的方式向个体发出信息，个体无意中接受这种信息，从而做出相应反应的一种心理现象，它可以极大的激发个体实施某一任务的潜力。教师通过暗示也能达到激发学生学习兴趣或者改正学生某些错误的目的。

暗示作为在教学活动中对师生双方都能产生影响的一种手段，其表现形式有教师对学生思维活动的暗示，教师在教学管理中的暗示，教师的自我暗示以及学生对教师的暗示等种形式，合理地利用暗示，对于协调师生之间的关系和交流，具有积极的促进作用。

他是一个在小学、中学考试经常不及格、被同学欺负、被家里的兄弟们瞧不起、升学无望的少年。

本来已经被所有人、包括他自己的放弃的人，却因为老师的一句话从此人生出现了巨大的转折。

老师也观察了这位同学很长一段时间了，发现他不是很聪明、又很内向不善沟通、关键还很自卑，但是却有一点做的非常好，就是他在每次做教师清洁的时候都很认真。

于是这位老师对他说："你是班里的清洁博士。如果你用做清洁那种认真精神努力的话，那么你就能在各方面都做的好于别人了。"

后来，这位少年中学毕业后进了工厂，记着老师那么的看中他，居然称他博士，于是每天都真的像是在班级做清洁时努力工作，由于工作踏实、认真，得到了经营者的好评。这使他工作起来越来越有劲头。五年后，被晋升为厂长。

得到巨大肯定的那一刻，他打电话给他的老师："我从小一直被人说成是傻瓜，自己也觉得是一个没有用的人，是老师您给予了我只要努力就能干好的鼓励，我才有了自信心。多亏了您的教导，否则我不知道现在会变成什么样子。对我现在取得的成绩，对您表示由衷的感谢！"

难道您不惊叹吗？只有一句鼓励的暗示话，就把一个人的人生改变的如此彻底！

如此一个小种子，就能结出这样丰硕的果实。

如果这位老师只是把少年叫过来教育几句："一定要好好学习啊，难道你想一辈子就这样下去吗？"也许不会有这样好的效果。

这就是暗示神奇力量。它朦胧、含蓄，起到的积极作用却是雷霆万丈的。

在教学中教师如能正确、恰当的利用心理暗示会使学生顺应教师的暗示，产生对自己能够学好知识、提高能力的预期？下面就是结合教学实践总结出的教师在利用心理暗示提高学生自我素质时应具备的条件。

一、提高学生对教师的信度是学生接受教师暗示的前提条件

在教师对学生进行暗示中，暗示的效果很大程度上取决于教师在学生们心目中的威信。人、尤其是孩子都会不自觉地接受自己所信任和崇拜人的影响和暗示，不知不觉在潜意识层面形成一种心理倾向。这就要求心理暗示的实施者——教师应具有较高的信度，能让学生充分信赖。

二、情感投入是教师成功利用心理暗示带动学生自我效能感的必要条件

学生们的情感需要还很强，没有情感投入的心理暗示对他们是没有影响的。教师在心理暗示中投入真诚、充沛的情感，会使学生积极解释教师的暗示行为，体会到教师对自己的期待，产生自我实现预言，相信自己能克服英语学习中的一个个困难，增强学好英语的自我效能感。如同样是用眼神来表达对学生的期待，真诚的注视就比随意一瞥要更能有

效的表达出教师对学生的欣赏和期待。

三、营造和谐教学气氛是教师实施暗示的充分条件

心理学有个"关系场效应"理论，就是在一个群体中，如果彼此关系融洽，会产生群体增力作用，达到 $1+1+1>3$ 的效果，这个群体会产生内聚力；反之，则会产生群体减力作用，使 $1+1+1<3$，这个群体就会产生摩擦力。教师的责任就在于创造和维持一种有利于使其情绪进入宁静、轻松状态的环境气氛，使群体成员不再焦虑、疲劳、担心，而是心情舒畅。

教师作为课堂教学的组织者，可以结合自身的特点多设计一些形式各异的教学活动，如竞赛、分小组编对话等。整个教学过程人人参与，气氛热烈，随之带来学生愉悦、轻松的情绪，心理暗示在这种时候会发挥更大的作用。

四、教师对学生进行暗示教育的具体方法

对于暗示，可以通过多种渠道进行。不单单只有语言暗示。这也为教师们在对学生的暗示中提供了多种方法。

1. 语言暗示

语言是暗示教育最主要的手段。运用语言进行暗示。对于这种暗示方法，要注意语言的准确性，把要表达的意思最简明地表达出来，做到言简意赅。并且还要使暗示的语言具有激励性和启发性，不能把想法直接说出来，而是通过你的语言让学生自己想明白了。

2. 环境暗示

这种暗示主要是利用具体的课堂环境来实现对学生的暗示。课堂环境是教学活动的一种背景，一种基调。想使暗示发挥它应有的作用，就要对环境下一番苦功。一是采光适宜，即光线强度适宜，切忌阳光直射或树叶遮窗；二是布局适宜，即教师布置要对称整齐，三是色彩要适宜，即颜色要协调和谐，切忌红红绿绿。

3. 目光暗示

据科学家研究发现，人的眉毛有四十多种变化状态，眼皮的闭合也有二三十种之多，加上眼球的转动等，眼睛所发生的体态语言可谓繁复多样，正是通过教师丰富多彩的目光，学生可以窥见教师的心境，从而引起相关的心理效应，产生或亲近或疏远或尊重或反感的情绪体验，进而形成这样那样的师生关系，导致或优或劣的暗示效果。

4. 手势暗示

手是会说话的工具，教师要认真掌握动用手势或"手语"技巧。之所以有手势暗示，是因为手势具有不同的含义，有满意手势、指示手势、形象手势，教师要区分手势的含义，加以选择使用。需要注意的是教师的手势不宜过多、过碎，否则就会显得繁琐，会压抑语言表述的作用。

5. 行为暗示

教师的行为暗示对青少年有着巨大的激励和影响作用，我们讲教师要为人师表，就是因为教师本身的行为就起到了一种带头作用、一种暗示作用。所以，你在要求学生做到之前应该首先自己做到。所谓："己所不欲，勿施于人。"

值得注意的是，行为暗示不能使学生们只停留在一般的、表面的模仿上，而是要使他们自觉地将高尚的品德和行为体现在学习和日常生活中去，这还需要教师的进一步努力。

暗示运用的好，能督促做错事的学生细细反思，能鼓励好学的学生再接再厉，激励所有的学生不断奋进！而坏的暗示则会令学生气馁和不安。

学会"暗示"吧，"暗示"是一种良好的教育方法，它委婉、含蓄、富于启发性，如果运用得当，一定能取得"润物细无声"的效果。

第七章
有效沟通的基本功

　　在教育实践中，我们会发现很多常见却不正常的教育现象：有的教师满腹经纶，却上不出他们的效果和风采；教师在台上把握起来得心应手、异彩纷呈，学生在台下则死气沉沉、味同嚼蜡；教师勤勤恳恳、兢兢业业，却总是得不到学校领导的赏识，晋升、提干都没有自己的份儿；主动承担了公共办公室的闲杂事物、对同事的要求有求必应，可还是孤身一人、总是成为他人冷落的对象；本来已经做了身为一个教师应该做的所有的事情，想要与学生家长共同努力时，却总是得不到理解。

　　作为教师的你，如果符合其中的一条或几条，那么可以肯定，虽然你自认为做了自己应该做的所有，但还是漏掉最为重要的一个，那就是——沟通。教师进行有效沟通，是必备的一项基本功。

第一节　与学生的沟通

　　中国教育学会会长顾明远指出："教师特别需要学习怎样与学生沟通，怎样处理好师生的关系。我认为这是当前教育实践中十分重要的问题。"仔细推敲顾老的话，很有道理。作为一个系统工程，现代教育虽然复杂而浩大，但各式各样的沟通，特别是师生间的沟通，却是构成教育运行的最基本的"细胞"。正是无数种、无数次沟通有序展开、聚合和积淀，才引发学生内心世界的变化、发展乃至文化积淀和精神成长。

　　但是事实上，很多老师虽然关爱学生、努力工作，却还是得不到学生们发自内心的欢迎。为什么？缺乏和学生有效沟通的意识、技巧和能力。

　　成功学之父卡耐基说过，一个人事业上的成功，只有15%是由于他的专业技术，另外的85%要靠沟通技巧。

　　所以，教师在与学生的沟通中，不但可以通过有效的交流使学生们的学习水平有所提高，而且还能让教师本身调动了在教学中的积极性、增强了各种管理能力。可以说，学会沟通这项基本功无论对教师还是学生来说都是百利而无一害的。

　　教师良好的沟通能力并不是天生的，是需要经过一系列的学习和训练的。

　　所以，如果你现在还不是很能驾驭沟通这个本领，也不要着急，这是必然要走的一段经历。就像是优秀教师都是由普通教师升级而来的一样。没有谁天生就是一个优秀教师。

在美国，现在每一所大学都开设了各种各样的沟通课程，而且深受学生的欢迎。国外的教育界已将沟通能力作为学生应该具有一种重要的能力来培养。但是在中国教育界，特别是中小学校涉及教师沟通能力方面的研究和培训却寥若晨星。因此，提高教师良好的沟通能力迫在眉睫，通过哪些途径能提高教师的沟通本领呢？

无非两个：一是通过培训；二是通过日常经验的积累。两者之间，前者显然是一个快速成功的捷径。

通过培训，可以让教师意识到具备沟通能力的重要性。要让教师懂得"沟通"是一种重要的教育能力。在学校教育中，师生之间的沟通效能决定教育的整体效能。因此，与学生建立良好的人际关系是教师首先要养成的教育能力，而这种能力的形成需要学习和训练。

通过培训，可以让教师懂得一些师生沟通的心理学原理和方法、掌握一些经过验证后的实用沟通技巧，而不是空洞的理论。

创新培训形式，可以提高培训的效果。开展自学、讲座、论坛、合作游戏等多种形式的培训活动。注重理论同教师自己所从事的教育工作联系起来，在与学生建立有效人际关系的前提下，来有效开始他们内在的智慧和各种资源，培养他们成才。

在教学中，又能经过哪些场景来进行沟通呢？

一、"民主测评"促沟通

为缩短与学生的心理距离，使老师能清晰地知道自己在学生中的受信任度，让学生消除老师的高高在上感，在班上每隔一段时间，同学与同学、同学与教师之间进行相互评价，要求学生进行民主测评时把教师也加进去，对老师的各方面进行实事求是的评价，并写一句希望的话，把评价情况悄悄给老师，第一次，同学们进行评价可能还不是很大胆，慢慢就会越来越大胆了，这能促使教师不断改进自己的工作方法，老师也会明显感到与同学们的距离越来越近。

二、"说烦恼"促沟通

学生有许多烦恼，但却很少向老师诉说的，究其原因是对老师还不够信任，可能是因为首先我们老师对学生的信任度还不够的原因，根据此情况，可组织同学们开展以"说烦恼、齐帮忙"为主题的班会课，并且教师首先对同学们倾诉了自己的烦恼，请同学们帮忙出出主意，同学们会十分热心地帮老师想办法、出主意，老师真心感谢他们，这样，同学们也乐于把自己的烦恼说出来了。

三、"多商量"促沟通

有些教师对学生总是不放心，对他们不够自信，认为他们是小孩子，不会有什么大的想法，所以不管学校安排什么事情，都是教师说了算，然后安排给他们去做，无形中造成了与学生之间的心理距离，不妨运用"多商量"的办法，学校有关的任务，班级里遇到的问题，在处理前尽量与班上的同学、班干部商量如何去做，他们会十分积极，想到的方法一定会让老师刮目相看。

四、"勤聊天"促沟通

"勤聊天"是与学生沟通必不可少的方法，教师可根据情况采用了多种聊天方式，课下与学生聊学习、聊生活、聊天文地理等等，从中了解他们感兴趣的事物，掌握他们的平时生活情况，适时指导；对性格内向、学习困难、桀骜不驯等类型的同学，多与他们单独聊天，充分表达关爱、欣赏之情；给班上学生人人提供教师的电话号码和 E - mail 地址，老师也记录他们的电话号码，学生随时可以找老师聊聊自己的事情；教师还可通过网络聊天室与学生聊天，通过聊天，可以对学生的内心有更多的了解，学生对教师的感情也会与日俱增。

五、"悄悄话"促沟通

在班上设个"心灵对白"角，其中每个孩子都有一个属于自己的

小口袋，其中也有一个口袋是属于老师的，班上的老师、同学对谁有什么悄悄话说，都可以写字条封好放在属于那个人的口袋里。通过"心灵对白"角，老师天天可收到学生的悄悄话，也可以常给学生们说说悄悄话，悄悄话让老师和孩子们成为了秘密的共同守护者，成为了亲密无间、共同进步的好朋友。

六、"参与活动"促沟通

游戏活动是青少年非常喜爱的一种形式，和学生一起游戏是吸引、团结学生、引导学生、与学生沟通的一种重要手段，和他们一起玩各种体育游戏、文娱游戏、军事游戏等等，和他们一样兴高采烈、乐此不疲，孩子们自然把老师当成他们的朋友，沟通十分容易，教师则在此氛围下利用游戏有意识地培养同学们良好的道德品质和集体主义精神，引导他们开展健康有益的游戏活动。体验活动也是同学们常开展的活动，在体验活动中学生们亲自实践，内心的各种感受十分深刻，老师可有选择地参与他们的一些体验活动，如"卖报一日"活动，老师与他们一起到报社领报纸、一起到街头叫卖、一起讨论卖报的好办法、一起分享卖报的成功或挫折，学生们把老师当成了知心朋友，老师也会深深感到：与孩子们沟通的感觉真好！

教师的这份职业主要是针对学生，想把工作做的优秀，就得多在与学生的联系上多下些功夫。

第二节　与家长的沟通

家长虽然并非是教师，却历来被誉为是孩子的"第一老师"、"启蒙老师"，除了教师家长就最关心孩子的发展的，甚至，比起教师对孩子的关注程度，是有过之而无不及。毕竟教师面对的是一群学生，而家长面对的是一个孩子。

所以，也可以说家长是教师的隐形合作伙伴，是教师工作中最大的支持者。更是有人曾说："家长是一种特殊的教育资源。"

有了共同的目标，教师们何不和家长达成统一战线。得到家长们的理解、支持对教师的事业发展可以说是如虎添翼。

那么，教师通过什么与家长一起把学生的教育提高上去呢？答案还是沟通。

当今社会，教师与家长之间的沟通已经成为现代教育不可缺少的组成部分。苏霍姆林斯基有句名言："没有家庭教育的学校教育和没有学校教育的家庭教育都不可能完成培养人这样一个极其细微的任务。"因此，教师与家长必须做到互相配合，和谐施教。

沟通是一门学问，也是一门艺术。在与家长的沟通过程中，了解家长的心理，根据沟通对象不同的情况，以真诚的态度，运用灵活的沟通技巧，采取正式和非正式的多种沟通方式，才能收到好的效果。

一、书信形式与家长沟通

以书信形式与家长沟通有几点好处：一是以书信形式与家长沟通会

显得很亲切，表达用词更丰富，大大增进了家长与教师之间的距离，毫无拘束更有利于工作的展开；二是双方可以不受时间、地点等各方面因素的影响，可以利用空暇时间写的详细具体，回信也认真、详细，很容易达成共识，有条理进行合作。

以前的教师们是通过纸张形式的书信经过学生进行传递的。现在科技发展了，而且电脑知识的普及，教师和家长完全可以通过电子邮件的书信形式进行沟通。既方便又环保，教育效果又好。教师可以通过这种联系方式充分了解学生的情况，有针对性地展开教育工作。

二、爱心加细心赢得家长信任，理解与支持

教师真的不是一个轻松的职业。一天中需要处理的琐碎事情很多，尤其是低年级教师处理的就更多。如：谁摔伤了，谁肚子痛等等很多问题。现在家里都是一个孩子，谁不对自己的孩子百般呵护，孩子受伤了，比伤在自己身上还疼。

有些家长出于溺爱心理，总会不由得去埋怨教师：你是怎么当老师的，孩子弄成这样，以后还让我们这些家长怎么放心……这时候，就更显出一个优秀教师的良好的沟通能力了。其实学生受伤，当老师也不好受，受到家长的误会更是会觉得委屈。年轻气盛一点的老师可能会和家长争辩，但有经验的老师则会积极主动充满对孩子的爱护地对学生进行安排，如打车送孩子到医院治病，给耽误了课程的孩子进行补课等等事事具细。只要我们全心爱每一位学生如同爱自己的孩子，发现问题在第一时间及时恰当的解决，我们就能赢得家长的理解与支持，而且以后还会更加配合我们的工作。拥有一个强大的家长支持团体。工作何愁做不好？

三、锲而不舍，多种形式沟通，让家长明其理，动其行

每个班级都会有让人头痛的学生，软硬兼施却效果不佳。面对这样的学生必须与家长共同努力才能改掉他顽劣的品性。可当家长觉得孩子

无药可救，要放任自流时，但我们教师绝不能放弃，想办法做好家长的工作，转变他的观念，让家长看到学生的变化。共同把偏离了方向的孩子拉回正轨。

这样，拯救了一个学生的一生，最感激你的可能还不是这个学生，而是他的家长。没有哪个人比父母还希望孩子能过得好的。敬佩、感激教师的同时，家长会更加配合教师的工作。

四、以爱为本，"退一步"海阔天空

在家长的意见与教师要求产生较大分歧而又难以协调时，教师就要采取"退一步"的策略，通过技巧的沟通使家长逐步转变态度。

任何教师，无论他具有多么丰富的实践经验和深厚的理论修养，都不可能把复杂的教育工作做得十全十美、不出差错。而且随着整个民族素质的提高，家长的水平也在不断提高，他们的许多见解值得教师学习和借鉴。加之"旁观者清"，有时家长比教师更容易发现教育过程中的问题。因此，教师要放下"教育权威"的架子，经常向家长征求意见，虚心听取他们的批评和建议，以改进自己的工作。这样做，也会使家长觉得教师可亲可信，从而诚心诚意地支持和配合教师的工作，维护教师的威信。

如果教师能在与家长的沟通中，触动其心，得其支持，就能有利于自己的教育教学研究，探询教育规律，摸索出适合于自己的教学经验，形成独特的教学风格，跻身于优秀教师行列。

第七章　有效沟通的基本功

第三节　与学校领导的沟通

无论在哪个行业里，和领导关系的好与坏都会很大程度上关系到个人发展的进程快慢。但，大多时候，这种领导与下属的关系都比较容易产生分歧。有统计显示，在职场中只有30.43%的人才与领导关系很好。您是这少数中的一员吗？

教师与学校领导沟通的好与坏，直接决定的是教师的工作主动性、积极性能否充分得到发挥。工作效率可否会提高、学校的信誉度的好坏等等重大问题。

教师的个人发展、工作进行的顺利程度也都取决于与领导沟通的质量上。与领导沟通顺畅、良好的话，对一个教师的发展当然再好不过，不是的话，将会使你的教师职业事业遭遇到巨大的瓶颈。而一个教师优秀与否的表现之一，也是通过与领导关系处理上体现出来的。

一、教师与学校领导的沟通艺术

教师与领导的沟通，最多的还是体现在谈话上。那么，具体地，教师与学校领导谈话时，都要注意哪些问题呢？

1. 事先准备

在谈话时，充分了解自己所要表达的要点，最好简练、扼要、明确地向领导汇报或反映问题。再简单的话，如何是和领导进行的话也要事先准备妥当，弄清每一个细节，不要领导问起来，一问三不知。如果领导同意某一方案，应尽快将其整理为文字形式呈上。

2. 选择时机

身为学校领导管理的是整个学校的全体师生，要处理的事情比教师要多得多。当领导的难免也会遇到头疼的问题。所以，如果要找领导讨论问题的话，最好别选在这个时间。如果想和领导闲唠家常的就更要尽早打消这个念头。虽然有时聊一些生活琐事会促进关系的亲近。但是时机这个因素也是不得不考虑的。

3. 不妨主动

教师的数量总是多于领导的，领导也不得以把自己的时间分成若干份。所以，作为下属不妨主动一点，哪怕一个简单的招呼也会使你和领导的关系更接近了一点。从而使自己的人际关系圆满，工作顺利。

4. 不卑不亢

对待与领导的沟通上，礼貌、谦逊是应该的，但，过于"低三下四"就不好了，不但降低了自己的自尊，又拉远了与领导的距离。其实领导也是普通人，你用什么态度对待别人，别人也就会用什么态度对待你。所以，与领导交流的过程中，格外要做到不卑不亢，以平常心待人、以平常心待领导。

5. 不即不离

要想跟领导和谐相处，你不能离领导太远了，太远了，他当你不存在；也不能过往甚密，因为这样会导致以熟相欺。因为难免有人嫉妒、会给你带来一些不必要的麻烦；说不定哪天还会反目成仇。即使你跟领导的私交很好，你也别在旁人面前炫耀，那样会给你带来不少的麻烦，同样领导也是很反感的。

6. 趋同——防止心理逆反而出现配合"梗阻"

要深刻认识到领导从事的工作与学校的命运、个人的事业息息相关。在这个前提下，自觉和领导在目标上趋同，眼往一处看，在思想上趋同，心往一处想，积极围绕学校的工作意图想点子、提建议、围绕学校领导层的思路定计划，拿措施，在行动上趋同，劲往一处使，协力抓

工作，合拍抓落实，在情感上趋同，情往一处聚，生活上相互关心，彼此间经常交心，真正做到共事时心情舒畅，分手后念念不忘。

二、处理与领导尴尬关系的艺术

教师如果正在面对与领导的尴尬关系，那么又能怎样处理呢？以下几点建议可供参考：

1．充满自信

自信是战胜和解决一切矛盾的动力源泉，有了它，就有了解决矛盾的信心。经常给自己鼓劲打气，强化自信的我意识，就会在正向暗示的作用下，经常模仿"能人"的言行，表现出大度的气量和宽广的心境。坚定了自信，就会在心理上以高瞻远瞩的态势去洞悉矛盾及矛盾的双方，从而占据解决矛盾的主动地位。同时，坚定自信，还可增加解决矛盾的勇气，开发自己办事的潜在能力，克服"怕丢面子"的心理。因此，充满自信，是自我解决矛盾的前提，也是自我解决矛盾的关键。

2．勇敢面对

就是要看到矛盾的有利面，对矛盾不回避，客观地看待和处理。明白了这一点，我们在处理与他人的言行与我们冲突时，我们就会主动调整自己的心态，勇敢地去承受、解决，从而不被矛盾所困扰。解决矛盾的一个重要的问题就是首先要解决自己的内心矛盾。解决自己的认识问题，我们就会勇敢地接受矛盾事实，以坦诚开朗的心态去对待矛盾。

3．冷处理

即在时间上有意延缓，或在心理上有意镇定，或在场景上有意避让。这样，即做到沉着不慌乱，又能避免感情冲动，盲目武断。同时，也有利于全面、综合、辩证地分析矛盾的原委，从中找出解决的最佳方法。一般来讲，很多矛盾都是因小事引起的，不值得产生矛盾，如果在矛盾发生后，我们刻意"冷"一段时间，让心里的怒气逐渐消退，让内心的积怨逐渐淡忘，矛盾就会自然地消失。

4．正确对待领导的批评

教师因为犯错而遭到领导的呵斥或批评时，不要觉得丢脸，甚至因此怀恨在心。而应端正心态，把领导的训斥视为对自己的培养与教育。当然，更为重要的是，要把领导的斥骂当作一种鞭策自己的力量，并在今后的工作中改正缺点、获得进步。要记住：最没前途的人是可有可无的人，是被领导忽视的人。教师只有真正认识到这一点，才可能在领导的责骂声中产生前进的信念和动力，努力上进，做出更大的成绩，从而也才能真正获得领导的重视和信任。

在处理与领导之间发生了矛盾时，除了以上是应该做的之外，还有一件事是切忌千万不能做，那就是——说领导坏话。

这是人们在面对敌对方容易轻易犯的一个毛病。

其实，人的个性千差万别，人的喜好因人而异，人的价值观也可能南辕北辙，所以人们常常彼此互不欣赏，这也是常有的事。但在一个地球都逐渐变小的信息时代来说，人际关系显得那么重要。彼此的沟通所遵循的一个重要原则就是求同存异，对于自己的领导更是要如此。

与领导沟通很简单，你完全可以不同意他的观点，有其他意见可以当面善意的沟通，但必须切忌背后做负面评价，不要在公开场合指责领导。

在处理学校事务的时候，难免会有这样那样的分歧。这主要是个人看问题的角度不同。发生意见不同是很正常的事，解决的方法最好是跟领导坐下来慢慢的叙谈，加强沟通。即使你的意见是正确地，但这种打人打脸的事是不能干的。因为这种做法既不能解决问题又会伤害别人的自尊，会埋下很多不和谐的因素。一旦传到了领导的耳朵里，就准备吃不了兜着走吧。即使传不到，也会给别人留下一个伪君子和两面派的感觉。同事们也会特别的提防你。

在学校，领导是管理者，教师是被管理者，二者相互依存。作为教师，必须善于处理和校长的关系，达到和谐协调，才更有利于学校和个人事业的发展。要记住：想成为优秀教师，过不了与领导沟通这一关是很难达到目标的。

第七章 有效沟通的基本功

第四节　与同事的沟通

　　同事之间最容易形成利益关系，如果对一些小事不能正确对待，就容易形成沟壑。教师职业也是职场中的一个行业，就不可避免地难以逃脱掉各种交际法则。

　　但与其他行业略有不同的是，教师尤其是班主任老师常常代表的并不是他一个人，往往还象征着他所在班级的整个全体同学。自己在学校这个交际圈中的得失难免地也决定了自己学生的学习环境与氛围。所以，做好与同事的沟通工作，对教师至关重要。有效的沟通不但有利于自己与同事，更对学生产生了莫大的帮助。

一、与同事的交往艺术

　　在与同事的交往中，教师不妨注意把握以下几个方面，来建立融洽的同事关系。

1. 以大局为重，多补台少拆台

　　对于同事的缺点如果平日里不当面指出，一旦与其他教员接触时，就很容易对平时相处比较频繁的同事品头论足、挑毛病，甚至恶意攻击，影响同事的外在形象，长久下去，对自身形象也不利。同事之间由于工作关系而走在一起，就要有集体意识，以大局为重，形成利益共同体。特别是在与外人接触时，要形成"团队形象"的观念，多补台少拆台，不要为自身小利而害集体大利，最好"家丑不外扬"。

2. 对待分歧，要求大同存小异

同事之间由于经历、立场等方面的差异，对同一个问题，往往会产生不同的看法，引起一些争论，一不小心就容易伤和气。因此，与同事有意见分歧时，一是不要过分争论，客观上，人接受新观点需要一个过程，主观上往往还伴有"好面子"、"好争强夺胜"心理，彼此之间谁也难服谁，此时如果过分争论，就容易激化矛盾而影响团结；二是不要一味"以和为贵"，即使涉及到原则问题也不坚持、不争论，而是随波逐流，刻意掩盖矛盾。面对问题，特别是在发生分歧时要努力寻找共同点，争取求大同存小异。实在不能一致时，不妨冷处理，表明"我不能接受你们的观点，我保留我的意见"，让争论淡化，又不失自己的立场。

3. 对待升迁、功利，要保持平常心，不要嫉妒

许多同事平时一团和气，然而遇到利益之争，就当"利"不让。或在背后互相谗言，或嫉妒心发作，说风凉话。这样既不光明正大，又于己于人都不利，因此对待升迁、功利要时刻保持一颗平常心。

4. 与同事交往要保持适当距离

在一个学校工作，如果几个人交往过于频繁，容易形成表面上的小圈子，容易让别的同事产生猜疑心理，让人产生"是不是他们又在谈论别人是非"的想法。因此，在与同事交往时，要保持适当距离，避免形成小圈子。所谓"君子之交淡如水"嘛！

5. 在发生矛盾时，要宽容忍让，学会道歉

同事之间经常会出现一些磕磕碰碰，如果不及时妥善处理，就会形成大矛盾。俗话讲，冤家宜解不宜结。在与同事发生矛盾时，要主动忍让，从自身找原因，换位为他人多想想，避免矛盾激化。如果已经形成矛盾，自己又的确不对，要放下面子，学会道歉，以诚心感人。退一步海阔天空，如有一方主动打破僵局，就会发现彼此之间并没有什么大不了的隔阂。

第七章　有效沟通的基本功

第八章
控制情绪的基本功

情绪是长时间养成的一种心态，而心态又是命运的控制塔，决定着人生的成败。教师肩负着教育下一代的重任，尤其要管理好自己的情绪，用积极的心态去改造课堂、影响学生，是教师必须具备的一项基本功。

教师要成为情绪的管理者，就是要求教师尊重课堂，不把自己的个人情绪带到课堂上来，同时要注重从深层次培养一种良好的心态，远离教师职业倦怠，做一个快乐型的教师。

第一节　别把情绪带到课堂上

　　课堂是传递知识的圣地，学生在这里学会成长；教师在这里实现价值。在教师与学生之间，教师又起着主导性作用。也就是说教师情绪的好坏不但控制着自己，同样也在影响着学生的学习效率。

　　所以，身为优秀教师最应该做的就是把自己的情绪控制好，尤其是别把自己的不良情绪带到课堂中来。

　　有人会说，这还不难，控制别人不好把握，难道自己还管不住自己了吗？这不能不说是一句"大话"。人都是要处在各种社会关系之中的，一天天的日子就是在各种角色之间相互转换的。而且社会发展迅猛，带来时代的进步的同时也使一切原本应该静一点比较好的东西也都动了起来。人们地思维方式在不断的改变、兜里的钱包也渐渐地鼓了起来，不利于使人们保持平和心态的一些不良情绪也跟着悄然见长。

　　如果你仔细观察就会发现，在你眼前过往的人群都在匆匆忙忙地忙碌于各个角落，拥挤的地铁、人满为患的快餐店，绽放在他们脸上的不再是平和的微笑，最引人注意的应该是因为焦急而竖起的眉头。

　　人们往往不再关注内心，而是过于在意外在的得与失。付出一点点努力就想着能够得到立竿见影的回报。干起事来冒冒失失，急于求成。有事能完成的彻底，有一点点小成绩就会急于表功。这就是制约了太多现代人的现代病——焦虑。

　　往往坏的东西更便于传染，从而播撒到更多更广的地方。教育界处在社会的一个明显位置，自然而然教师也就会染上浮躁这种社会病，所

有职业受病的机会都是均等等，可教师这一职业的受害程度却是最深的。为什么呢？

因为教育属于一种需要长期投资的事业，教师的工作需要扎扎实实，任何热闹的包装、宣传、炒作，都不能代替实实在在的一堂堂课、一本本作业、一句句说教。

所以，为了我们的学生，教师需要时刻停下来静一下心，抚平心中的浮躁，以便备好每一堂课、上好每一堂课、批好每一本作业；静下心来看看可爱的学生们；静下心来与同事交流一下教育心得；静下心来读几本书。这些所有的静下心来都是为了不要把种种不良情绪带到我们这个传到授业解惑的神圣地——课堂。

如果你最近要是真的心情不好，应该怎么做才能弥补一下呢？

或许对付不好情绪最好的办法是把它们向别人倾泻出来。现代物理学也提供了大量的镇静剂、抗抑郁剂等。但是，很多人都没有意识到：科学家们已经发现了一些能够使你从不好的情绪中解脱出来的非常有效的、非药物性的治疗法。这些治疗法和医生开的处方一样有用，既可以为你带来无毒的益处，又不会使你上瘾。所以，当你压力过大或学生们过于顽皮让你生气的话，可以试一试下面任何一种方法。

一、加强光照

研究发现，很多人容易染上一种冬季消沉症，或称季节性情绪紊乱症。这种状况是由于光照不够所致。有一种标准荧光，大致相当于晴天树下光线亮度的十分之一。如果你感到情绪不稳定、非常想找一个突破口发泄出去的话，就可以增加一些光照，那么，你的情绪就渴望得到提高。

二、做 梦

眨眼可以通过消除疲劳的方式来克服不良情绪。同时，眨眼还可以让人们从一种古老的心理疗法模式中获得益处：这就是做梦。很多研究者现在已经相信，做梦，无论醒后是否记得，都能够消释心理符合而起到一种心理调节的作用。

似乎在睡眠过程中，梦似乎承担着积极地解决问题的工作。老师们，如果你们感到异常烦躁，何不在上课之前小睡一会，不管做不做梦，都对情绪起到缓解作用。

三、听音乐

不管什么职业都会遇到自己工作上的烦心事，尤其是假期过后更是倍感紧张、烦躁。教师更是如此。需要接触的人越多烦躁感就会越大。

现在有一种在精神学上称之为"情绪对等律"的说法。就是通过音乐来调节人的情绪。但关键的是在对音乐类型的选择上。就是说，你可以选择那种与你此时情绪一致的音乐，然后再逐渐转换曲子，使之与你所希望的心境相一致。

李老师有一天下班回家，这天她感到特别辛苦，因为期末考试要到了，老师的工作压力也大起来了，时常感到紧张、烦躁，特别是今天。晚上她听到女儿在放粗犷的摇滚乐。突然意识到这种音乐很适合自己现在的心情。听了一会，又放了一首舒适轻松的曲子，心情也跟着放松了下来。

四、饮 食

科学家们已经指出情绪和食物之间有着某种联系，这种联系在任何人身上都存在。

这是因为：食用性的碳水化合物是一种"安抚实物"，它可以带来镇静效果。像爆米花、椒盐饼等食物都可以让你的心情慢慢愉快起来。

饮用高浓度的咖啡于心情的变化也有关系。研究表明：饮用高浓度的咖啡与不断增长的沮丧、易怒及焦虑等存在极大的关系。所以，如果你本来心情就很不好了，那么就不要再喝一些咖啡了。因为它会越帮越忙。

　　好心情来之不易、坏情绪挥之不去。自如地控制情绪是一个长时间联系、培养的结果。如果你真的心情不太好，又正好赶上下节课就是你的课。不妨想想那群稚嫩的脸庞是如何把他们的尊敬、佩服等情结投入到教师身上去的。出于对他们的负责、出于对他们深深的爱也要调整呼吸，把坏情绪硬压下去。这就是优秀教师的优秀之所在。

第二节　远离教师职业倦怠

你是否在学生们一声声清脆的问好下依然紧锁双眉？

你是否在学生们婉转悠扬的读书声中依然难以激起心中的共鸣？

你是否以一句"这点小事也来烦我"就打发走满含委屈向你求助的学生？

你是否只瞄了几眼教案便心安理得地走向讲台？

…………

如果是这样的话，在这里不能不提醒您：老师，你一定染上了不少教师已经感染过或正感染着的一种病。那就是——教师的"职业倦怠症"。

所谓"职业倦怠"现象，是指一个人在社会期望值、个体内在的期望值过高而客观实际又达不到预期的目标的情况下所产生的失望的情绪、疲惫的心态的一种心理现象。它的特征更为广泛地表现为对事业、工作的乏味感、失望感，由此引发精神的疲惫感、认知的冲突感等。是一种对现实的消极反抗而求得心理平衡的心理反应。

从本质上讲，教师的这种职业倦怠症是内外冲突矛盾运动的结果：即渴望快乐与感受平淡的矛盾、渴望成功与感受平凡的矛盾、渴望实现自我价值与感受平庸的矛盾。总之，是一种内外在不和谐的标志。

一、教师职业倦怠产生的原因

教师的职业倦怠是由于教师长期工作在压力下造成的。工作中持续

的疲劳及在与他人相处中产生种种矛盾，矛盾扩大化进而引起冲突所造成的挫折感，最终导致一种在情绪、认知、行为等方面表现出精疲力竭、麻木不仁的高度精神疲劳和紧张状态，是属于一种非正常的行为和心理。具体原因如下：

1. 一般来说，工作十来年的教师，容易产生职业冷漠感，太有规律的工作、按部就班的生活，是很容易熄灭一个人的激情的。正如一个老师说：同一篇文章讲了无数遍，真的感觉很乏味，几年、十几年、几十年就这么过来了，实在很无奈。

对生活富有激情的内心追求与客观情况的差异，往往会引起一个人的矛盾心理，使之产生对职业的反抗情绪，导致拒绝感与平淡感的消极情绪的产生。

2. 社会在发展，对教师本质属性的认识也在发展，特别是在大力推进课程改革的过程中，许多新思想、新观念正在猛烈地冲击着教师们所坚守的那些固有的职业的基本特征，每个教师在实施教学的过程中都会遇到许多新问题、新矛盾，产生新的压力。如果不能正确认识和积极适应，则必然会产生抵触情绪，从而导致对职业的反叛。

3. 社会对教师过高的期望值同教育投入与产出的反差之间的矛盾，大大增加了教师的精神压力。学生大多数都是独生子女，加之就业难的现状，使家长们对孩子的期望特别高，而他们又将这种期望寄托在学校再由学校转嫁到教师身上。教师身上的担子愈发沉重了。有不少的教师都不堪重负，不得不牺牲节假日或者业余休息时间，这都增添了教师的孤寂感。再加上教育往往是投入与产出极为不相称，教师付出的多，一旦学生的成绩还是上不去，这就导致教师产生了对职业的失望感，长期如此，必然会使教师失去工作的热情。

4. 教育环境的暗示作用。教师职业的传统观念，诸如蜡烛精神、春蚕精神等，都是以牺牲来作为教师的本质素养的，这样的观念只会给教师带来消极的暗示作用。如果一种职业非要以溃灭自己作为代价的话，那谁还愿意从事该职业呢？再加上有些教师在重压下消耗了生命，就更给教师带来消极的心理暗示，感觉职业的无奈。

二、教师职业倦怠的症状

教师职业倦怠的典型症状就是工作满意度低、工作热情不高、在情感上对学生们的疏离和冷漠。害怕参与同事之间的良性竞争、考核。对办公场所有强烈排斥感甚至恐惧感，长期处在挫折、焦虑、沮丧的状态，情绪波动很大。种种不良的情绪都会使教师在面对学生犯了一点小错误时就大发雷霆、对教学工作也没有耐心。已经丧失了身为教师的骄傲，纯粹是我为了工资而来上班。

三、教师职业倦怠的不良影响

1. 教学效果下降

教师心理过于疲劳，对学生的观察、教育能力就会在无形中降低，对学生的心理援助，管理、指导也会随之变得地下，当然随之而来的是教育、教学方法的不灵活或出现失常现象，都容易导致在工作上变得机械，工作效率低，工作能力下降，最终致使学生的学生成绩下降。

2. 人际关系紧张

在人际关系上容易变得疏离、退缩、摩擦增多，情绪抑郁又充满攻击性。有些教师使用粗暴的体罚惩罚学生，其实这就是教师的职业倦怠所产生的危险信号。

3. 造成自我身心伤害

教师的职业倦怠症会造成教师的心理障碍和心理疾病，轻则是教师的消极态度和情绪表现明显，重则会因不良心理状态而引起神经衰弱，或因不堪压力而导致精神崩溃，最终直接影响自己的身心健康。对同事的不理不睬、对学生冷漠，反而会使自己孤立无援。

四、解除教师职业倦怠的策略

职业倦怠正作为一个新的重大的疾病折磨着教育事业，如果不能有

效地纠正，那么就会使这种症状达到流行的程度。而学生正是直接受害者。因此，我们要认真对待教师发展中的这种现象，积极探讨解决教师职业倦怠的策略，而这种积极的策略也成为一个优秀教师必须掌握的一种基本功。

1. 正确认识职业倦怠

解决职业倦怠的关键在于个体应意识到职业倦怠并不是只在一生中发生一次的现象，它可能一次又一次地潜进我们的生命。如果我们教师学着识别自身职业倦怠的症状，并在危害产生之前及时修正，那么就能很快地恢复平衡，而不需要一个较长的恢复时期。因此，教师要以乐观的态度看待职业倦怠、并以积极的姿态去面对它，从而战胜它。

2. 坚持正确的信念和职业理想

教师的信念和职业理想是教师在压力下维持心理健康的重要保证。也就是说教师自身的信念和理想是职业倦怠的最好解毒剂。坚定正确的教育观念和积极的教师信念，培养对学生无私理智的爱和宽容精神，对防止教师职业倦怠是至关重要的。

3. 广泛结交社会友人

研究表明，当威胁健康的情况发生时，缺乏社会支持的人比那些经常与朋友来往的人更可能生病或死亡。人和人都不能完全防止不良情绪的侵袭，教师行业的职业特点更是如此。解决的关键在于如何调整自己的不良情绪，不让它随意泛滥或持续时间较长。所以，当教师受到压力时，不妨与家人或朋友一起讨论解决压力的方法，在他们的帮助下确定更现实的目标，以便对压力的情景进行重新的审视，在讨论的过程中，这些不良情绪就会得到某种程度的发泄。这对舒缓压力和紧张是十分必要的。

4. 坚持运动

运动可以帮助教师明显地减轻压力和倦怠，运动的时候往往能减少被压力所笼罩的时间，有些有氧运动如慢跑等还能提供"空闲"机会来对问题加以反思，寻找解决问题的策略。

以上几种方法都能在一定程度上缓解职业倦怠所带给教师的压力。只要持之以恒，就会渡过难关。

教师的职业繁琐、细致，仿佛总有无休止的问题去等着解决。讲不完的课、教不完的学生。无休无止中，教师的职业倦怠就会找上门来。它确实不是一个好对付的"敌人"，一旦不谨慎处理，就会对学生、对教师自己产生种种连锁的不良反应。所以，在对普通教师过渡到优秀教师的自我考核中，应对职业倦怠这个题目必将是重中之重、难中之难。不过，只要能挖掘出自身潜能，发挥自己长处，坦然自若，区区职业倦怠又有何难呢！

第八章 控制情绪的基本功

第三节　做情绪的管理者

　　教师常常被冠以圣洁之名，光环之多，令人羡慕，但是最为教师，这光环的背后另一层生活上的含义也不过是一种谋生的手段，也和其他的职场人一样承受着各方面施来的压力，压力有的来自学生、家长、学校领导，更多方面是来自社会，工作、生活由此变得格外沉重。

　　因此，教师中间的不良情绪时有尘嚣，就不可能不严重影响学校正常教育教学工作的开展，有的甚至产生情绪冲动走极端，很大程度上玷污了教师形象。

一、教师不良情绪产生的原因

1. 教师与教师之间的冲突产生不良情绪

　　曹丕在《典论·论文》中提出"文人相轻，自古而然"。教师这一习俗固然不能避免。一些教师轻视他人，如果别人某一方面比他差，那就一切不如他，他会理所当然地认为自己高人一等；一旦有人强于自己，则会在潜意识里将内心的嫉妒转变成轻视，对他人做出一副不屑一顾的姿态。因分数、升学率、职称评定、年终评优等竞争引发的教师之间的冲突使得教师群体缺少合作基础。这时有些教师的不良情绪表现在那别人的缺点跟自己的长处比较，讽刺挖苦，怪话连篇，严重影响人际关系，这一时间里"和谐"无从说起，教学精力大打折扣。

2. 教师个人和学校之间的冲突引发不良情绪

学校管理者或者采用"胡萝卜加大棒"的软硬兼施策略管理教师；或者凭感情用事，采取制度加控制的办法；或者任人唯亲，排斥那些品德高、能力强的人；在评职称选优上"暗箱操作"，荣誉是自己的，任务是教师的，对教职人员采取轻蔑、欺骗甚至愚弄的态度，给教师的心理、情感造成极大的伤害，这时教师必然会产生情绪。这种情绪始初是正义的，如果管理者不加自我反省，不作深刻检讨，教师就会由抵触到消极怠工，"躲进小楼成一统，管他春夏与秋冬"，形成人浮于事，事无人做，学校一潭死水毫无生气。

3. 工作强度与收入之间的冲突构成不良情绪

一个人基本要求不能得到满足，即无法突现较高的价值。从"经济人"的角度看，社会个体不可能不关心自己的利益。而实际情况是，教师工作负担重，工作时间长，压力大，付出多，待遇低。有人用一首唐诗影射教师："稚子牵衣问，归家何太迟，共谁争岁月，赢得鬓如丝。"教师责任被主流化的同时，利益被边缘化，教师的不良情绪油然而生。内心的凄凉与外在的躁动不同程度干扰了教育教学工作的顺利开展，这种情绪很容易产生教师职业倦怠。管理者"不讲索取，总讲奉献"的口头禅在教师面前显得苍白无力。

4. 自我抱负与情境变迁之间的冲突激发不良情绪的产生

教师的工作是一种复杂的创造性劳动。工作完成的好坏，不但和教师的德才学识有关，而且还和学生素质、社会环境、教育条件等诸多因素有关系。如果教师在不断变化的环境下急于实现自己的抱负，由于其他因素的干扰（如所教学科学生成绩差、学生家长的恶意中伤、社会对其评判有失公允、频繁的校际调动等等），常常会导致教师的挫折感的产生，而挫折带来的行为心理变化导致不良情绪的产生。他们认为自己的辛勤得不到领导、家长、社会的认可，这样就会"学而厌"、"诲人倦"，被动工作，不求创新。

第八章 控制情绪的基本功

129

二、教师化解不良情绪的方法

如何化解教师不良情绪呢？这完全取决于情绪管理者的管理"艺术"。

1. 管理者要"沉得住气"

面对教师产生情绪，自己本身作为情绪的管理者要努力沉得住气。脑子里通常要多出一个角色。

当一种情绪在怨天尤人，诅咒命运不公时，另一种情绪要及时出现，当然不是来随声附和的，也不要动辄训斥，让其充分发泄。情绪稳定以后在进行必要的交流。即使谈心，也少说大话空话，关键在于让坏情绪了解这样的人生哲理："牢骚太甚防肠断，风物常宜放眼量。"让坏情绪明白，世上没有绝对的公平，你只有创造业绩才会得到社会的认可，愤世嫉俗，藐视平常只能徒增烦恼，令人轻视。

2. 管理者要"变得了脸"

红脸也好，白脸也罢，都是人生不同舞台上的角色。教师在面对教师自己所产生的坏情绪时，首先自己就要仔细分析甄别，如果某些不良情绪会给教育教学工作产生严重影响，自己的脑子里必须要有一副"黑脸"，不能再"沉得住气"，而要针对事实，进行严肃的批评，可以告诉自己这不只是师德的问题，而是一个普通公民起码的道德都不能遵守的问题，一定要让自己认识到自己的错误为止。

3. 管理者要"弯得下腰"

当教师用工资待遇等切身利益得不到满足而引发情绪时，其实他也是无奈的。这时教师自己就要选择"弯腰"，安慰自己做到息事宁人，有随遇而安的心理准备，当然也可以有目的地和农民、下岗职工做个比较，发出比上不足，比下有余的感慨，让自己潜移默化"知足常乐，能忍自安"的处世基调。

4. 管理者要"抬得起头"

当教师受到学生家长、社会不公正遭遇或教师的合法权益得不到保障时，作为教师也要充分保障自己的权益，要昂首挺胸，显出一股压不倒摧不垮的豪迈正气，站在教师自身的立场上，明辨是非、讨还公道。有正义做坚强后盾，会让教师充满自信，燃起工作的激情，不良情绪自然无法滋生。

总之，千万不能因为自己的情绪不好，就信口开河，捕风捉影地乱发议论，或者拿学生们撒气。这样做既伤害了与自己朝夕相处的学生们，又使自己对教学产生了更为严重的抵触情绪。

只有赶快变脸，从被情绪控制转变为控制情绪，才是对优秀教师最好诠释，做情绪的管理者是胸怀大度的体现，是人生智慧的象征，是化解矛盾的良方。

第八章　控制情绪的基本功

第四节　做快乐教师

人有目标，生活充实，就有快乐源泉。无所事事，或碌碌无为，必有无尽的失落。只要善于用一种责任感去对待平凡的事，就一定有收获和成功。快乐教师都能从教育中品味到快乐、享受到幸福，因而他们能对工作保持长久的兴趣，不仅为了生活而教书，更是为了教书而生活，所以才有了教师的楷模。

他们日复一日，持一寸粉笔，守三尺讲台，敬业奉献，辛勤耕耘，不断发现新奇、体味新鲜、创写新意，体会到自己的智慧在学生身上得以验证的满足感和成就感，看到自己的心血在学生身上溶化、萌芽、生长。教师进入了这种境界，可谓快乐教师。

教书育人是一件多么伟大、多么有意义、多么快乐的事！可是有些教师却把工作仅仅当成谋生的手段，工作对他们来说是一种必须完成的任务，成了负担、累赘。这些教师冷漠仇视、愤世嫉俗，感到工作乏味、产生职业倦怠，整日牢骚满腹，抱怨工作忙、工资低，太苦太累，结果学生不喜欢，同事不高兴，领导不满意，家长埋怨，同时也把自己搞得痛苦不堪。

好多年过去了，这些教师没有享受过教育的成功，也没有体会到教育的乐趣，耽误了学生，也耽误了自己。

保持快乐的心情是教师教书育人的感情基础。带着悲观、消极的情绪是永远交不出心理健康的好学生的。做教师、做优秀教师首先就要快乐的教师。快乐，不但是由你周围的环境所牵制的，还是教师作为一项基本功来修炼的结果。也许其他职业的职场人士还可以随意发泄自己的情绪，但教师的职业性质决定了，只要教师在这三尺讲堂上，就要摒弃坏情绪，做个快乐的老师。

怎样修炼自己成为一个快乐的教师呢？

一、明确你自己的职业特点

自我催眠：当教师感染到某种负面情绪，严重到要损坏了快乐的心情、影响了教学水平时就要做这样的自我催眠：我只是三百六十行中普通的一行，无所谓灿烂不灿烂，更谈不上是什么"人类灵魂的工程师"，我从事的这份工作，只是借此养家糊口、赖以生存而已。这样一来，就降低了你对职业的期盼度，多了份在工作上的脚踏实地。

二、永远不要低估你眼中的差生

这世界原本没有差生一说，只是由于评价标准的差异，导致了我们眼中差生的产生。但我们不论什么时候都不要低估了、甚至折损了你眼里的"差生"。因为，差生能够让你的讲课无法进行下去，你犯不着如此，而差生的未来，也许是你永远也赶不上去的；所以，不要用言语去讥讽他们，诱发他们的叛逆精神。两败俱伤的结果不符合教书育人的师德。伤了学生，恐怕老师也高兴不起来。

三、别让自己成为新文盲

教师以知识为载体，用一块黑板，一支粉笔成为你驰骋空间缰索。但这世界变化得比我们想象要快得多，因为昨天也许才将 WINDOWS XP 操练熟悉，可恼他人今天使用的却是 WINDOWS 7。经过一段安稳而平静的教书生活后，我们不仅对新知识会感到欠缺，而且对新知识还有一种习惯性的拒绝。能适应时代发展的脚步才不会觉得自己的落后，才能感受到新科技为自己带来的便利、快乐。

第八章 控制情绪的基本功

四、将教师视为你的终身职业

如果你在 30 岁以前还未跳出教师队伍的话，那么你何不将这一职业视为终身职业。没有什么比得上积极的工作给你带来的充实和满足感。

五、要学一点幽默

幽默是生活的润滑剂。谁都不希望自己面前站着一个整天板着面孔的人，学生更是如此。掌握一点幽默的艺术，既放松学生的心情，同时也让学生走近了你，情绪是很容易相互感染的。但幽默应止于讥讽，因为讥讽会伤害一部分学生，同时幽默也应止于无聊的调笑，因为这样会导致学生"乐"而不学。

六、学会原谅自己与别人

学生用他的无知与偏执让你生气，家长因对孩子的偏爱与袒护让你动气，领导因对你的误解让你怄气，而自己有时也对自己无端地不满意，低着脑袋生自己的闷气，这些汇集到你身上是恶气攻心。

气生了不少，但问题没有得到一点解决，所以，优秀教师要学会原谅，学会宽容，原谅与宽容让你生气的人与事。

七、让学生摸得着你的关注

你不一定爱你的学生，但你既然从事了这一职业，就应承担起你应该承担的责任，你得关注学生的学习与成长，而且，不要将关注仅仅停留在意识里，而应让学生摸得着、感觉得到。你拾起学生掉在地上的橡皮，耐心回答学生的提问，常与学生个别谈心，甚至只是走道里的一声问候，这些都是让学生摸得着的关注。

八、不要高估了自己的作用

优秀的学生并不完全是靠教师教出来的，在很大程度上，学生的成功取决于他先天的素质和后天的自身努力。就像牛顿绝不是他的老师教出来的一样。正确的定位自己，哪怕是起到的作用真的是独一无二的，也要学会适当的谦逊，把自己放低，才能更多的享受到快乐的感觉。

九、常备"金嗓子"

警察腰间总别着一支枪，医生脖子上总挂着听诊器，老师的口袋中应装着"金嗓子喉片"，其用途当然是再清楚不过了的。另外，每天最好喝六杯水，用 30 分钟的时间在球场上跳动一下，在幽静的小道走动一下，舒活舒活筋骨，抖擞抖擞精神，放松自己的躯体，其作用也是不必多言的。

十、不要奢求额外的回报

教书作为你的职业，薪水就是你的回报。你也许在正常的教学工作之外还付出了许多，但这也只体现了你是一位将责任放大的老师，但你并不能因为放大了责任而又追求更多的回报。就像农民不应奢望穿上自己种植的棉花织成的衣服、建筑工人不要奢望住上自己建筑的房子一样，老师不要奢望学生今后会对你有额外的回报，那哪怕只是一张小小的贺卡。

十一、营造快乐氛围

做老师每天都要处理各种各样的事情，心情常常是压抑的。但你应该努力营造快乐的环境，让学生快乐。你也得找到让自己快乐的窗口，让你每天都快乐，因为快乐的核心就是你自己。只有你真正快乐了，你才不会在这世界上留下太多的遗憾，只有你真正快乐了，你才无愧于你的职业。

第九章
改造"差生"的基本功

　　优秀教师之所以伟大，不单是因为他传道授业解惑能力之高明，更是因为，优秀教师总是会像学生们的父母一样，公平对待他的每一个学生。虽然学生的资质参差不齐，但他们总是努力把热量、光芒释放在学生们需要的每一个角落，不管是"优等生"还是"差生"都没有去放弃过任何一个学生。

　　特别是在改造"差生"过程中，优秀教师更是彰显了最为教师较高的职业素养。在他们眼中，学生们内心潜在的东西永远比看得见的分数、学习生活中的一些小错误要重要得多；在宽容与惩罚之间更是能够轻松驾驭、合理分配。这就是优秀教师所具备的良好素养，永远懂得对一个"差生""雪中送炭"与给一个"优等生""锦上添花"同等重要。

第一节　不以分数论英雄

　　每一个孩子来到这个世界上，都是一个不同于他人的独立的个体，但是在他一生漫长的成长过程中，在受教育的各个时期和阶段，他的这种独立性和区别于他人的种种特质是否真正地受到了尊重和公正的评价呢？老师们是否总是从社会传统教育的视角出发，以分数作为衡量孩子的标准呢？这是毋庸置疑的，只要有分数的存在，它就会被作为衡量的标准，但是今天它已经不能再成为衡量孩子、评价孩子的唯一标准了，这种视角和观点在今天教学中应该得到更正。

　　但是从封建社会的科举考试到现在的高考，无一不是一考定终生的。要想"金榜题名"只有分数说了算，学习好、分数高就意味着有了一个大好的前程。于是乎，分数成为了重要的评价标准：学生考得好，就是好学生；老师教得成绩高，就是好教师。所以，教师在心中分列好学生与坏学生时，分数的高低也成为了一个"不可或缺"的因素。这样一来，就给学生对待分数的态度上产生了莫大的压力。

　　众所周知，对于学生来说，从上学第一天起，就被灌输一种思想：考高分才是学习好的表现，才是好学生的表现。没有一个好分数，自然就是学习差，就是笨，就是差生。所以，每一个从学生时代过来的人，都把分数看作脸面。考好了暗暗得意，充满自信，自我感觉良好；考不好，则满是自卑，自觉低人一等，自己把自己就划到"差生"的行列。

　　由于老师和家长的灌输，使孩子们认为分数与自尊紧密相连，有了高分就可以抬起头走路，否则只能每天蜷缩在角落里，忍受老师的白

眼、同学的不屑。所以，要强的学生把分数看得比什么都重，没有人愿意落在别人的后面。日子久了，大家就模糊了学习的本来目的，仿佛到学校来接受教育，只是为了考高分；仿佛学习就是为了获得分数，而非为了获取知识、为了更加深远的自我发展。很多教育家都不同意这种为分数而寻求学问的态度，但现实既是如此，不同意亦无可奈何！

虽然所有人都知道，分数不能代表一切，可是因为分数在目前这种以考试为评估手段的教育体制下，具有比皇帝的尚方宝剑还要威慑人心的力量，谁能漠视分数，抛开分数来评价一个学生呢？所以，尽管育人者心里很清楚，评判一个学生要看其全面，平日里更要平等地对待每一个孩子，但是他们的头脑中难以放下分数这杆标尺，他们不自觉地总是以分数为标准来评价每一个学生。所以，有意无意地，分数高的孩子在老师眼里就是可爱的、优秀的好学生；而分数低的孩子则被老师认定为"差生"，有时难免因为不欣赏而失去耐心。老师的这种"因人而异"的偏心态度，做学生的都是有体会的。很多时候，同样的错误，如果是学习好的同学犯了，老师大多是轻描淡写：下一次注意点啊，就过去了。可是如果是成绩差的同学犯了，老师则表现出"恨铁不成钢"的失望和气恼，批评的话就多了，态度也生硬了。总之得不到学习好的同学那样的"待遇"。

所以，为了做老师眼里的"宠儿"，孩子们不得不争取高分。为了不被贴上"差生"的标签，不被老师用冷眼注视，孩子们不得不做分数的奴隶，而且是甘愿做分数的奴隶。

终日被分数这个紧箍咒禁锢着，孩子们哪里会有快乐可言？又哪里会感受到学习的快乐？分数高了可以笑逐颜开，分数低了轻者郁郁寡欢，重者或者惊恐于父母的责骂或者逃避于老师的责罚或者厌学、逃学，再或者不堪重压，选择结束生命，从此再也不用做分数的奴隶。

2001年2月20日，贵阳市某中学初二学生李渊在家中自杀，2月28日《贵阳都市报》刊登了这个14岁孩子的遗书，遗书中说：我的成绩从来没有好过，我是一个废物，样样不如别人……

2003 年 7 月 10 日，合肥某中学 3 名中学生相约到琥珀潭"自杀"。原因是期末考试 3 个人因发挥不正常，成绩下降了很多，担心被老师、父母责骂，所以选择了"自杀"。这 3 名初中生即将升入初三，但以他们的成绩第二年想考上一所理想的高中相当困难。平时，他们面对的不是老师的说教，就是父母的打骂。据这 3 名学生说，每一次小规模的测试，他们最害怕的不是成绩的高低，而是回家怎么去面对老师和父母的眼光。久而久之，这 3 名学生就像神经质了似的：害怕考试，害怕分数，害怕回家。这次期末考试成绩发下来之后，这 3 个人就相约逃到琥珀潭。经过商量之后，他们准备先吃饱喝足，然后下水游泳，一直游到精疲力竭，自然下沉。晚上，3 个人买来了饮料、面包和饼干，吃饱喝足后，他们按照预定计划实施行动。但一名同学在快下沉时，突然生出求生的欲望。在他的倡议下，另外两名同学也打消了"自杀"的念头。而此时，他们的老师和父母正在心急如焚地四处寻找他们。

这一年的 11 月 20 日，新疆石河子 4 名初中女生"集体自杀"。原因是学校公布了期中考试成绩，并排了名次，而这 4 位女生名次排在年级的后面，由于害怕家长责骂，她们便商议一起服老鼠药自杀寻求解脱……

2004 年 1 月 26 日，湖北孝感某中学一名 15 岁男生，因担心期末考试考不出高分，在考试后竟然服下老鼠药自杀。他平日里学习成绩很好，老师对他的期望很高，经常教导他，所以，他一直很用功，每当考试考了高分。但是这一次，当天下午考完数学后，他左想右想总觉得分数不会太高，越想越害怕，觉得不好向父母和老师交代，心理压力越来越大，最后偷偷到街上买了一包老鼠药，回到教室后就服了下去。

2005 年 4 月，浙江省金华一个 16 岁女生因为中考落榜喝农药自杀；河北省中考第一天下午科目开考 10 分钟后，4 名初中生因中考没考好在张家口市宣化区人民公园内集体投湖；

9 月，南京一小学生因为学习成绩不理想，对自己绝望而自杀；11 月，银川两小学生自杀……

第九章　改造『差生』的基本功

2006 年 4 月 12 日《深圳晚报》报道：两名初中生因成绩不好受到家长的打骂、老师的责备和误解，承受不了巨大的心理压力，相约服用安眠药自杀，最终因服用的是假药而捡回性命；

7 月 4 日，成都一个曾是"三好学生"的 16 岁女孩，因为中考成绩不理想，无法进入自己理想中的重点高中，绝望之下，跳楼自杀；

7 月 22 日，长沙一女中学生从 6 楼跳下，当场死亡，原因依旧是学习成绩不好；

2006 年 9 月 1 日，珠海某初三女生开学首日在家里自缢身亡。在给老师的遗书中，她说自己根本不知道活着是为了什么。"我曾问自己，我有梦想吗？我真的有梦想吗？没有。"当期末考试成绩发下来，看到自己的分数不理想，她觉得"一年的努力全都白费了。我不明白，为什么我已经很努力，可还是考得不好。为什么？为什么？我实在没有办法接受这个事实，更没办法相信这个事实。既然活得这么不开心，不如死了算了。到了这个地步，我已经无法选择"！

分数，分数，还是分数，一个个数字竟然成了夺去如花少年生命的刽子手！没有任何悲剧比孩子自杀更令人痛心的了，可怕的是，中国竟然成为世界上儿童自杀第一大国！有一项调查显示：我国有 24.39% 的中小学生曾有一闪而过的"结束自己生命"的想法，认真考虑过该想法的也占到 15.23%，更有 5.85% 的孩子曾计划自杀，并有 1.71% 的中小学生自杀未遂。

青少年因为学习压力而自杀的不在少数。我们不能眼睁睁地看着像花儿一样美好的孩子们被分数的压力所扼杀。

要成为优秀教师，请从转变育人观念开始吧，勿以分数论英雄，还我们的孩子——快乐的时光和天真的笑脸。

优秀教师需要有一个正确的分数观念，把分数所表现的差距和分数所展示的问题寻找出来，才是正确的做法。当年朱自清、钱钟书和吴晗等人高考的时候，数学都是零分，想必他们平常也不会得上高分的，但这并没有影响他们成为文化巨匠。学生要树立正确的分数观的前提是教师们首先要树立正确的分数观。未来是充满挑战的，接受学习的挑战不残酷，是学习的一种正常过程，但是老师和家长的错误的分数观念导致了我们的学生在分数面前太过脆弱的心理。

作为优秀教师应该怎样去面对或者应对学生的学生成绩呢？

一、正视孩子的学习成绩

学生的能力受多方面影响而有高有低。有的学生能轻轻松松的考出很好的成绩，而有的学生付出了很大的努力，成绩却还是不理想。用学习能力的高低来衡量孩子的好坏显然是不公平、不合理的。用分数排名次，划分等级，更是不可取的，它会让太多的学生品味失败的滋味，多次的挫败感会严重的伤害学生的自尊心和自信心。对待成绩，教师一定要有一颗平常心，也要教会学生能用平常心去看待，去客观的查找问题，寻求解决和提高的办法。这样，教育才真正发挥了它的作用。

二、挖掘孩子们的闪光点，帮他们扬起希望的风帆

每个孩子都有自己独特的天赋，身为人师的我们要尽全力，用一颗爱心去观察，去寻找。发现他们的闪光点，摒弃我们的偏见，放下分数这把量尺，你就会发现每个孩子都是那么的独特，那么的可爱。苏霍姆林斯基说的好："成功的欢乐是一种巨大的情绪力量，它可以促进学生好好学习的愿望。请你注意，无论如何不要使这种内在的力量消失。缺少这种力量，教育上的任何巧妙措施都是无济于事的。"让我们努力吧，让他们在课上课下都能品味成功的乐趣，有了内在的学习动力，他们才能鼓足勇气，克服面临的困难。

三、尊重、理解、助其提高

人的头脑是自然界的一大奇迹。但是这种奇迹只有在良好、有效教育的影响下才会实现。这是一种长期的、单调的、非常复杂的折磨人的艰难的播种，撒下的种子要过好多年才长成幼苗。这其中还要特别尊重

学生的人格。不应当让一个不幸的、被大自然或不良环境造成艰难境遇的孩子知道他是一个能力低、智力差的人。教育这样的学生，应当比教育正常学生百倍的细致、耐心和富于同情心。一个学生成绩不好，他还在坚持上课，还在为自己的命运和将来努力和打拼，难道这种精神不值得我们去学习、去尊敬、去呵护和帮助吗？对于成绩不好的学生，我们教师要做的是及时帮助他查找自身的不足，帮他迎头赶上。越是学习困难大的学生越是需要我们的帮助。他们的闪光点和自信心更需要我们去发现和呵护。多给他们机会，真正的从心底相信他们一定能行，请千万相信，他们的表现一定不会让你失望的。这也是教师工作的辛苦之所在，更是优秀教师的优秀之所在。

当看到本应烂漫欢乐、天真活泼的学生因应试教育而不堪重负的时候，心里是否会不舒服。老师对学生成绩不理想而焦急的心情是可以理解的。每个学生都要经历考试，每位老师也都要对考试采取特定的态度，就是不要把考试作为检验学生学习的唯一标准，而是把它作为一种手段。通过考试来发现问题，了解学生对学习的态度以便再"战"。

第二节　宽容与惩罚的辩证关系

"人非圣贤，孰能无过"。不犯错误是不在人的能力范围之内的，学生犯错更是不可避免的。优秀的教师更应该看到的是每个孩子心中的一颗向上、向善的心，这才是我们教师正确认识孩子的一个基本出发点。特别是不要动辄把孩子的错误定位在道德品质、思想意识的范畴。孩子是成长着的，因此犯错误是孩子的权利，剥夺了这个权利，就取消了孩子成长的机会。孩子需要的是帮助、引导，而不是一棍子打死。正是因为孩子有缺点、不完美，才需要教师，需要教育。

教师不是圣人，学生也不是圣人。所以，不要以圣人的标准看待学生。

成年人都有可能犯下错误，更别说是一个孩子了。所以，一个优秀的教师首先就要树立"允许学生犯错误的教育观"，因为育人本身就是一个长期的事业，需要我们教师用发展的眼光看待每一位学生，面对学生、面对学生的错误，教师要有一颗宽容的心。但是，值得注意的一点是宽容并不等于一味迁就，不要把慈爱变成溺爱。对于学生过分的脱离原则的错误就要适当地施与惩罚。所谓缺失惩罚的教育是不完整的。这需要教师对宽容和惩罚要有一个度的把握。但不可否认的是，在改造"差生"的问题上，宽容永远比惩罚更有力量。

宽容就是对学生的爱护、信任。是一种对生命的尊重，尤其对"差生"来说，更需要老师的这种爱护、信任、尊重。

爱是教育的别名，宽容又是爱的最佳体现。宽容是教师必须具备的一种素质。没有宽容意识的教师就不可能是一个能从本质上爱护学生的优秀教师。反过来，也不能得到学生的尊重和爱护。

2008 年，对于中国教育界来说是不平静的，对老师来说更是带有几许悲凉，一月之内竟然发生两起学生杀害老师的事件，不得不为教师遭遇到这样的不幸感到悲哀、甚至愤慨！他们天天含辛茹苦所教育的学生，竟然用尖刀、用手指断送了老师的生命，是什么原因让我们的学生选择了这么极端的做法呢？只能怪老师的运气不好吗？摒除运气好坏的因素，更值得我们审视的则是我们的教育行为，我们对待学生的态度，我们是否是抛弃了功利用真心去呵护我们的学生，是否用一颗宽容的心去对待我们的"问题学生"，如果用平常心去看待学生的错误并加以正确引导，学生们可能很快就能改正错误，而老师们的心里也不会因为学生的"不争气"而感觉特别难受、压抑、焦躁。学会宽容吧，对学生们宽容也是对自己宽容！

应试教育的蔓延和升学竞争的白热化，把教师逐步引向了追求完美主义的境界，教师逐步沦为"满分主义者"或完美主义者，"严师"增多了。在对待学生的态度上，严厉、高标准、日益充实了教师的教育行为词典。与此相伴的是，激励少了，批评多了；理解少了，误解多了；快乐少了，负担多了；成就感少了，挫折感多了。

教师的宽容不见了。然而一味的严厉、吹毛求疵是否就能达到预想的教育效果了呢？我们不难想象，一旦时间长了，我们的学生就会不再把老师当偶像一样来崇拜，有的只是机械的按照老师的要求去做，或者反感老师、甚至和老师对着干，视老师为仇敌，这样的结果才是大大地违背了我们教育的初衷，孩子的行为习惯和学习成绩自然就会不理想。

有这样一个故事：

一位老和尚，一天夜晚在寺院里散步，见墙角边有一张椅子，便知一定是有小和尚违反寺规越墙出去玩了。老和尚也不声张，走到墙边，移开椅子，就地而蹲。不一会，果然有一个小和尚翻墙，黑暗中踩着师傅的脊背跳进了院子。

当他双腿着地时，才发现刚才踏的不是椅子，而是师傅的脊背。小和尚惊慌失措、目瞪口呆。

出乎意料的是，老和尚并没有厉声责备他，只是以平静的语气说："夜深天凉，快去多穿一件衣服。"

　　老和尚宽容了自己的弟子，但宽容的更深意义是用慈爱来给小和尚敲个警钟，这无疑是一个比惩戒更为有力的无声的教育。

　　所以，优秀教师一定要用宽容的心去对待我们的学生，对待学生们所犯的错误，更要用宽容的心对帮助"问题学生"。

　　教师要有正确的学生观，学生之所以叫学生是因为他们有很多不懂的，有许多需要学习的，然而他们的错误，不正是我们的教育契机吗？所以当学生犯了错误时，我们一定要正确的看待，孩子犯错是正常的，只有保持这样的心态我们才能冷静的教育学生帮助学生，这就是对学生错误的宽容，这也是教育孩子的第一步。

　　教师要学会冷静，当学生所犯的错误实在是很惹你生气的时候，我们不妨暂时避免和学生的正面接触，做老师的先消消气，先把事情放一放，等到自己完全冷静了再去处理。

　　教师要学会放大学生的优点缩小学生的弱点，特别是一些"问题学生"更要如此，要不然就会造成恶性循环，让后进生、"问题学生"始终体验不到被人重视的快乐，更加丧失进步的信心，势必把他们引向自暴自弃的深渊。

　　教师要把握好宽容的度。教师对学生的宽容也绝不等同于教师对学生缺点或错误的一味纵容、忽视。对学生的宽容并不教师对待学生的软弱无能，而是对学生的一种理解，是对学生能够克服困难、改正错误、提高学业成就的信任。

　　话说"海纳百川，有容乃大"，是的，大海正因为能容纳百川而无比宽阔，然而比大海更辽阔的是天空，比天空更辽阔的是胸怀。作为人民教师的我们更要用广阔的胸怀去包容我们的学生，包括他们的缺点。如果一个孩子生活在批评之中，他就学会了谴责；如果一个孩子生活在鼓励之中，他就学会了自信；如果一个孩子生活在敌意之中，他就学会了争斗；如果一个孩子生活在接受之中，他就学会了爱；如果一个孩子

生活在讽刺之中，他就学会了害羞，如果一个孩子生活在表扬之中，他就学会了感激……让我们都学会宽容吧！宽容的对待我们的每一个学生，等待我们教师的就是那注定要收获满园的桃李。

但是宽容是要以结果为学生改正了错误为前提的。如果，学生对老师的宽容当作是对自己的放任的话，教师就需要拿起教育的另一种武器了——惩罚。

所以说，没有惩罚的教育是不完整的教育，没有惩罚的教育是一种虚弱的、脆弱的、不负责任的教育。

教育的核心是培养一种健全的人格，未来社会需要的是心理健康的人才。让孩子为自己的错误负责，就是让孩子负担由于自己的过错而造成的不良后果，接受惩罚。这其实也就是教育孩子养成一种拿得起放得下的责任心，一种对自己、对他人、对社会的高度责任感。

这是发生在美国的一个小故事：一个 12 岁的小孩在院子里踢足球，不小心把邻居家里的窗子的玻璃踢碎了。邻居说，我这块玻璃是好玻璃，12.5 美元买的，你赔。当时的 12.5 美元可以买 125 只鸡，更何况是对一个小孩。他没有办法，回家找到爸爸。他爸爸问，玻璃是你踢碎的吗？孩子说是。爸爸说，那你就赔吧，你踢碎的就你赔。没有钱，我借给你，一年后还。

在接下来的一年里，这个孩子擦皮鞋、送报纸、发传单，终于赚回了 12.5 美元还给了父亲。这个小孩就是美国第 23 任总统——里根。里根在回忆录里对这件事评论说：正是通过这样一件小事让他懂得了什么是责任——那就是对自己的过错负责。

其实，宽容与惩罚并行不悖，都是教师对学生的教育方法之一。运用的过程中，应该视情况而定。能用宽容的时候就别用惩罚。用惩罚时也别对学生的身心留下过多的印痕，而使其感到痛苦或羞耻，惩罚不是体罚、更不是心罚。要在尊重学生人格的基础上，合理、公正地对学生进行惩罚，以达到教育的目的。

所以，教师要在教育事业中正确地看待宽容与惩罚的关系。并合理地对两者进行运用。这也是对优秀教师必备基本功的一项考验。

优秀教师的10项基本功

第三节　倾听学生的心声

在改造差生的工作上，教师不仅要当一个说教者，也需要做学生心灵的一个倾听者。常言道："人之初、性本善"，这世上本就没有天生的坏人，当然就更不会有天生的坏学生。之所以有所谓的"坏学生"多数情况都是因为外界环境的影响。而且从好到坏也是需要一个转变过程的。

优秀教师在改造"差生"上之所以优秀，就是能够在学生走入弯路的这个过度中能够及时把他拉回来。而这其中的功夫自然就少不了倾听的功劳。有时候孩子们要的也只不过是一个解释的机会，不要让孩子百口莫辩。

对教师而言，多倾听学生的心声，是师生交流的基本条件。无论是课堂教学，还是思想教育，教师对学生施加喋喋不休、狂轰滥炸的说教语言影响，并不一定能够从根本上达成良好的教育教学效果。

想要得到更好的沟通效果，不妨适当用一些"语言的沉默"，无声胜有声的交流。

倾听学生的想法、观点、思路或构想，或者倾听学生心灵的困惑、学习上的感悟，甚至他们人生旅程上稍嫌幼稚的人生感悟，是师生良好交流中不可缺少的组成部分。要适当留给学生自主表达观念和思想的机会，听听学生是怎样理解教学内容的，是怎样看待一些关键问题的，从而判断他们理解了多少，哪些方面有创见，目前有没有走弯路。

上天赋予我们每个人一条舌头和两只耳朵，为的是让我们多听少

说。对学生的发展而言，教师真诚的言说与虚心的倾听，具有同样重要的意义。在教育教学过程中，教师对学生的倾听，不仅意味着对学生的关注、关心与关爱，而且表示出对学生的尊重、理解与接受。一个善于倾听学生的教师，必定是能够使学生产生亲近感的教师。从此意义上说，教师对学生的教学和指导，首先便是倾听学生的体悟。

有这样一则故事：

美国知名节目主持人林克莱特，一天访问一名小朋友，问他："你长大了想当什么呀？"小朋友回答："我要当飞机驾驶员！"

林克莱特接着问："如果有一天，你的飞机飞到太平洋的上空，所有的引擎都熄火了，你会怎么办？"

小朋友想了想，说："我先告诉飞机上的人绑好安全带，然后我挂上我的降落伞，先跳下去。"

场上的观众无不笑得东倒西歪。但林克莱特仍注视着孩子，和蔼地问："为什么要这样做？"

孩子果敢地回答："我要去拿燃料，我还要回来！我还要回来！"

如果林克莱特没有那一份亲切、平和、耐心的倾听，在"观众笑得东倒西歪时"，小朋友还会有勇气说出，世间最善良、最纯真的话语吗？大人们还能理解孩子那个善良的心吗？感想最多应该是：现在的孩子可真自私自利吧？

可惜的是，有些教师并没有做到这一点。尤其是在学生们犯了错误的时候，老师总是不分青红皂白地急着去处理、批评、善后、找家长。连一点时间都没有留给学生们来解释清楚。

还有这样一个例子：

上课铃响了，一个平时一向爱惹是生非的学生气喘吁吁地跑进教室，手上、身上沾满了沙子。班主任于老师非常生气，大声训斥："学校三令五申不准玩沙坑里的沙子！你居然明知故犯！"

学生忙说："我不是玩沙子。我是……"

听到他的辩解于老师更加生气了："人赃俱在，你还有什么好辩解的？你先回到座位上去。下课后再处理这个问题。"

下课后，学生在办公室向老师汇报了真实情况，原来这位学生发现厕所的地面上有小便的污迹，有好几个学生在那里滑倒了，他便用手捧着沙子去覆盖地上的污迹。

我们可以来设想一下听到这个解释后的于老师是怎样的一个心情。后悔自己当时的浮躁和冲动，居然不能听学生再多说几个字？由于不能耐心的倾听而在全班同学的面前伤害了一颗善良、朴实的童心？

也不是没有可能那些所谓的"差生"就是从误会开始后逐渐"差"起来的。

所以，各位老师们，一定要给孩子们辩解的机会，不要伤了那颗稚嫩的心灵。即使您没有冤枉一个学生，他真的是名副其实的差生，那么，也希望您给他一次说话的机会。您那慈祥的眼神、仔细聆听的动作都会让每一个人感到自己被尊重的感觉。甚至哪怕他就是一个整天惹是生非的坏孩子，也会有精诚所至，金石为开的一天，水滴还能穿石呢，何况是一颗滚烫的心！

可能每一位老师都会有意无意地拒绝倾听或遗漏学生的叙说，这种"失聪"现象主要有以下表现形式：不全的倾听，虚假的倾听，错误的倾听。而这些不良的倾听方式会严重影响生间的情感交流，不利于今后工作的正常开展。所以一个优秀的教师首先要学会倾听。

一、优秀教师的倾听内容

1. 倾听学生的欲望和需求

学生在学习、生活中的所想和所求不仅仅通过他们的行为，而且还通过他们的声音表达出来。它可能是一段叙说、一个句子或者一个简单的感叹词，以及一声叹息和无声的抽泣。这些声音可能是学生对上进的渴求、对尊重的渴望、对友谊和理解的期盼、心理压力释放的需求等。对这些声音所表达的所想和所求的倾听、理解和应答，就成了教师的重要任务。

2. 倾听学生的情感

优秀教师是能够对学生情感动向和状态作细致入微地把握，并及时加以协调和引导的。

3. 倾听学生的思想

一个具有倾听意识和习惯的优秀教师不会满足于仅仅倾听学生的所想和所求的，他还会努力倾听声音背后的某种思想和观念滋生的萌芽，并能对这些思想和观念做出恰当的评价和引导。当学生被教师倾听并被认可或得到指导时，学生就会信赖老师，就会视老师为良师益友，甚至主动地向老师敞开心灵的大门，与老师建立起更深一步的交往关系——思想上的交往，这时老师就更易走进学生的心灵，就能及时了解学生的思想动向，师生之间也会更易沟通。

4. 倾听学生的病痛

学生普遍承受着来自学校、家庭以及自身等等方面的压力，老师在倾听学生言说自己的学习状况或生活状况时，耳朵应变成听诊器，通过倾听去寻找学生存在于肉体和精神上的种种疾病，尤其是一些心理疾病，及时捕捉到他们的焦虑、自卑、自大、愤怒、抑郁、孤独、痛苦和恐惧等情绪，及时帮助学生获得战胜心理疾病的信心，使他们走出心灵的阴霾。

二、优秀教师的倾听态度

对于许多教师而言，不是不能听，而是不愿听、没有耐心听。要学会倾听，首先，必须具备应有的倾听态度。

1. 真诚和平等

教师要努力培养一种真诚的心态来倾听学生的声音，让学生感受到老师的诚意，明白老师是在真正地倾听自己的心声；同时老师还要以一种平等的姿态，把学生作为一个与自己平等的鲜活的生命来看待、来接纳。

2. 专注和警觉

老师倾听学生言说的时候，要专注，要仔细认真地倾听，要让学生感觉到老师重视他，而不是心不在焉。同时在专注中要包含着警觉，对来自学生的每一种声音的方向、特点和隐藏的变化趋势要时刻保持敏锐度，以便能捕捉学生的言外之意，这些弦外之音才是关键之处，才能洞察出学生的细微变化，尤其是学生情感、心理等方面的变化。

3. 执著和冷静

老师要有一份执著和冷静，要以冷静的头脑，去倾听学生的心声，坚持不懈地进入学生心灵深处，不随意打断学生的言说，及时地了解他们的需求，以帮助他们排忧解难。

三、优秀教师的倾听方式

俗话说："偏听则暗，兼听则明。"老师要善于倾听多方面的声音，从中仔细辨别，分出真伪，从而做出正确的判断。

老师倾听学生的声音，重在听的同时，还要学会适时追问，尤其是学生吞吞吐吐、欲言又止的情况下，更要凭借敏锐的感觉，适时追问，以便问出个中原委、是非曲直，帮助学生找出症结所在，并对学生的言说做出恰当的评判和引导。这样，倾听就会更富有实效。

拯救一个孩子就是拯救了他的一生，他父母的余生，社会的未来呀。所以，改造差生这项基本功是每一个想要成为优秀教师的老师一定要掌握的。

第四节　有些事可以忽略

　　优秀的教师具有了不起的忽略能力。这并不意味着他们健忘。

　　优秀的教师几乎能捕捉到学生中发生的每件事情，也不意味着他们一定就会事无巨细地干涉到每一件发生的事情。因为优秀教师清楚地知道，一两名学生如何能够轻而易举地打断大家的学习节奏，他们也知道什么时候保持原来的节奏，什么时候显示自己坚定的立场，以及如何在避免进一步分散其他学生注意力的情况下平息小小的骚动。

　　大多数教师可能都有过以下的经历：课堂上，教师正在上课，下面有学生在讲话或做小动作，当你提醒他不能这样时，他却会不承认甚至反驳教师的批评。这时候的教师面临着两种选择，一种是针锋相对地进行反击，这时候小冲突就可能升级，以至影响到课堂教学的正常进行；另一种是对于学生的话不予理睬或用轻松的话语和态度进行化解，使冲突平息。两种不同的方法，导致了两种截然不同的结果，因此，由于教师的一言一行对学生和课堂教学都有着至关重要的影响，所以，在有些事情上，我们教师有必要选择忽略。

一、忽略小错误

　　在一项调查中，对较为成功的教师和不太成功的教师进行了比较，结果发现，二者之间的一个显著区别在于，优秀教师往往容忍微小的错误。教师越不成功，学生从老师那里得到否定评价的可能性就越大。如果教师总是对鸡毛蒜皮的小事喋喋不休，学生们就会避免与他接触或沟通。出于维系自尊的本能，孩子们也会躲开那些总是挑自己毛病的人。

学生上课不听讲，教师请家长，作业不认真完成请家长，打架骂人还要请家长……有个家长请得多了，同办公室的老师都被他认熟了。每次到办公室后先听老师把事情的前因后果说一遍，心情好时会点头配合，心情烦躁时要么当听众，要么老师讲完了他还来反问一句："还有吗?"然后转身就走人，弄得老师一脸尴尬。试问，这样教学方法有效果吗? 与其说请家长来是商榷孩子的教育问题，不如说是来请家长来听老师发泄的。

更可笑的是，有的老师请家长只是一时之气，或是想借机吓唬吓唬孩子说"明天把你的家长叫来"，哪知孩子却把老师的话当圣旨真的依此行事。家长一脸赔笑地找到老师，本以为孩子在学校犯了多大错误，没想到老师愕然："你怎么来了?""不是您让孩子带话让我来的吗?""噢! 噢! 是这么回事，昨天您的孩子……"这时才恍然大悟。

所以，对于孩子的一些小问题，教师本身能够给予足够教育的就不要请家长来学校，家长在得到了老师的抱怨后是不会轻易放过孩子的。这样必然会使学生充满过多的心理负担。

在哪些事中选择忽略，在哪些事中应该刨根问底，这是一个非常难以划分的问题。能够正确处理需要教师对学生的了解程度和教师长时间以来积累的教学经验。

二、小心对待佼佼者

佼佼者都对自己有很高的要求。他们期望在自己所做的每件事上都取得成功，而且特别努力地争取实现这个目标。他们如此出色，这是一个原因。

当佼佼者的缺点被别人指出来，他们的情绪就会一落千丈。他们习惯于对自己期望很高，痛恨让别人失望。佼佼者对自己所做的事情如此投入，任何批评，无论多么微不足道，也会让他们觉得这是对自己的公开侮辱。你对他们施加一分压力，他们就会给自己施加十分压力。

一名优秀的教师就应该像是一位大厨，能够在外行看起来一片混乱的厨房中保持各项操作顺利进展。因为他们知道哪些事情可以忽略不计，在对学生的不当行为做出及时反应的同时也能很好地避免事态扩大

严重化。优秀的教师能够关注学生，肯定并赞美他们的成就。这是一种迅速而微妙的平衡动作，优秀的教师都掌握这种技巧的关键所在。

三、忽略需要智慧

如果学校中一名教师正要穿过走廊时，一名学生突然喊出一个无礼的称谓——"嗨！柿饼脸！"

这位教师会是怎样的反映？一名成熟的优秀教师多半会耸耸肩，甚至笑笑。如果是一个不成熟的教师可能会忍不住要以牙还牙，甚至使事情发展成一场冲突。

当然，并不是说，一个学生叫公然对教师喊出"柿饼脸"，教师应该置之不理，让其为所欲为，而是不会在学生每次稍稍越线时就下意识地做出反应。

一点火就着的教师，会被调皮的学生很快地就识别出来，并不断妄图在这种老师的身上寻找娱乐价值的。性格沉稳的教师往往要比脾气火暴的教师要有威慑力，更能引起学生的敬畏。

如果班上有三个孩子在不适当的时候聊天，教师可能会说："大家请安静。"这三个学生会做出不同的反应。一个说"对不起"，然后不说话了。另一名学生只是闭上嘴，低下头。第三名学生反驳说："说话的不只是我！"这个时候，教师面临两种选择。马上反击——"但我刚才说的就是你们几个！"——"成功"把这场小冲突升级成为意志的对决。有的教师则可能对那名学生的话不予理睬，让冲突平息。优秀教师是自我控制的榜样，他们对课堂的管理基于他们管理自己情绪的能力。

优秀的教师具备忽略的能力，但这并不意味着他们忽略自己的学生。那些捣乱的学生其实往往只是想吸引别人的注意。在某些情况下，这种注意导致的结果是正面还是负面似乎并不重要。但是，优秀的教师知道如何在一开始就给予学生所需的关注。在他们的课堂上，捣乱不会发展到失控的地步，因为他们总是防患于未然，事先就打好了预防针。这是一项难以掌握的基本功，也是一个十分有用的基本功。

第五节　别在家长会上口无遮拦

　　家访也好，请家长到学校参加家长会也好，根本目的都应该是加强教师与家长之间的沟通，以便共同教育好孩子。

　　本着对孩子有帮助的目的请家长到学校来，最应该从中受益的学生却是最反对开家长会的人。为什么呢？因为一旦老师与家长"沟通"之后，就意味着回家要挨打、挨骂、最轻的也要好好受受"教育"。

　　其实家长也不愿被请，纵观家长会，来参加的学生的家长不是老人就是女人，男人总是能拖就拖，能推就推。为什么？因为如果自己的孩子在学校表现不好，家长也会受牵连而被点名批评。这么大的人了还像小学生一样被老师教训，丢不起那个人呀！

　　所以对于家长来说，最难熬的莫过于听老师点名。

　　"上学期期末考试，我们班总成绩在 450 分以上的一共有 3 个人，从全区的总排名看，这些孩子有可能考上区重点高中"，班主任开始了家长会最重头的部分———分析学生成绩，"总分不到 250 分的同学可能毕业都成问题，咱们班共有 8 名同学，×××、×××……"

　　最初，几乎所有的家长都半低着头面无表情，随着老师一组一组地念着学生的名字，坐在学生座位上的家长们的表情发生了细微的变化。

　　被先念到名字的学生家长露出了笑意，头也抬高了起来，越往后，没被念到的家长越紧张，最后念到名字的家长看起来最不自在：头抬起来又低下，眼睛一会儿瞟一眼老师，一会儿看一眼周围的家长，手也似乎不知道往哪放。

"真难熬啊"，家长李女士心里很不是滋味，"都这么大年纪了，听着老师一点儿不留情面地念孩子的名字，脸上真是挂不住，老觉得自己做了什么见不得人的事儿"。李女士孩子所在的班，是年级里成绩最差的班级，家长们其实已经习惯了老师的这种不留情面。

为了来开家长会不少家长要在下面做很多让自己放松的"功课"，就在开会前，李女士还在轻松地对其他家长说："没关系，我对我儿子没有太高要求，只要能毕业就行。""其实，怎么可能对儿子没有期望，只是希望用这种方式给自己的尴尬找点儿平衡。"李女士说。

由于家长会上老师的"口无遮拦"，家长在接受了一场心理上的狂轰滥炸之后，回到家后，受了气的家长都会把气撒到孩子身上。这也是大多数学生都不愿意开家长会的最根本原因。

"每次开完家长会，我的情绪都差极了"，初二学生小雨的妈妈赵女士说。

最近的一次家长会，数学老师对赵女士说："你儿子没戏了，他脑子有问题，我没法教。"赵女士非常气愤："我儿子虽然没有智力超常，但最起码是一个智力水平正常的孩子，老师怎么能因为他一门课学习困难，就对孩子进行完全否定呢？"

数学老师的话虽然没让赵女士对儿子失去信心，但是却让赵女士心里非常难受，她不知道该怎么告诉儿子老师的评价，不知道该怎么面对儿子，不知道是否应该像老师说的那样，给儿子测测智商？

家长们有情绪，但是绝不敢在老师面前发泄，他们怕得罪了老师孩子会遭殃，于是，孩子成了家长的出气筒。

很多孩子在开完家长会那天晚上有过挨骂或挨打的经历，最差也是一次严肃的"谈话"。

这样一看，家长会出现的问题反映出来的是目前教师队伍职业素质问题，很多老师没有把家长也看作是教育者，他们没有把家长当成是"合作者"，而是看成了"对立者"，认为学生变成这样，很大一部分原因是家长配合的不够积极，对孩子总是娇生惯养。

这种想法可以说教育资源的一种浪费。另外，老师过分看重学生分数和一些具体的小毛病、小错误，也使家长会变成了"批判会"、"告状会"。无形有形中都给学生、家长带来了负面的影响。

这种家长气、孩子怕的家长会真是开了不如不开。

家长会的真正目的，难道真的只是老师告状，让学生、家长难堪的吗！

其实不然，家长会的定义是"学校同家长联系的一种方式"，作为一名优秀教师一定要认清家长会的本质，召开家长会的目的是要促使家长与教师互相理解和支持，使学校与家庭"向学生提出同样的要求，始终从同样的原则出发。"

平等、尊重、合作才是家长会的真正主旨。即使学生有错误，也要对家长多谈学生的优势何在，增强家长的信心，也使学生不再如此这般恐惧家长会，不再把分数只是当作家长会后不会被责罚的筹码，让学生发自内心的学习。

对于问题学生的问题，最好还是要采取私下和家长商量、讨论为好。这样一来，能让家长保住面子，也能使家长可以在冷静的情绪下对学生做出正确的教育。

所以，教师在家长会上一定要"口下留情"。为家长的面子留情，也为学生们的"安危"留情。

第九章 改造『差生』的基本功

第六节　因材施教

"因材施教"的"因"是依据、根据的意思，"材"是人的意思，这里指学生。"施"是实施、实行，"教"是教育教诲。合起来说，就是依据学生的实际情况，施行相应的教育。学生们在智商、情商或者其他的能力方面都是有千差万别的，作为教师不可能用一把钥匙开所有的锁。用同一种教学方法去教授每一个学生。

尤其要注意的是好学生与"差生"之间，更是各有利弊。需要教师分别对待，具体情况具体分析处理。成长的道路上没有死胡同，只不过这些所谓的"差生"比其他学生多拐了几个弯而已，教师要密切盯守、因材施教、取长补短，这正是优秀教师必备的一项基本素质之一。

我国古代教育史上，儒家创始人孔子很早就提出了因材施教的主张。比方说同是问仁，孔子对不同发问对象的回答完全不同。樊迟问仁，孔子回答说："爱人"。司马牛问仁，孔子答道："仁人，他的言语迟钝。"颜渊问仁，孔子的回答又是："抑制自己的欲望，使言语行动都合于礼，就是仁。一旦这样做到了，天下的人都称赞你是仁人。实践仁的道德，完全凭自己，难道还凭别人吗？"颜回不仅悦子之道，而且具有仁德，所以，孔子对他们的回答就深，司马牛"多言而躁"、樊迟志向不高，就回答得浅而有针对性。宋代程颐、朱熹曾说："孔子教人，各因其材。"因材施教由此而来。

孔子以后的两千五百多年来，"因材施教"作为一个教育原则被我国历代的教育家继承，并不断地发展完善，表现出极强的生命力。就是翻开国外的教育学名著，我们也经常会看到这样的话语："这个必须这样去对付，那个又必须那样去对付，同样的方法是不能够用在所有的人身上的"（夸美纽斯）；"提倡那种按照青年人的不同境况训练青年的方法"（洛克）……，这些实际上都体现了"因材施教"的教育原则。

但是"因材施教"的教育氛围这样浓厚，为什么在现有的教育环境下，大部分教师还是很难做到因材施教呢？

这就是为什么做教师容易，做优秀教师就很有难度了！

这之间的距离也不过是两个原因的问题：一是不知道自己的学生是什么材；二是不知道施什么教。尤其是在面对"差生"的时候，根本考虑不到学生是不是一块材，是的话，又是怎样的一块材。更的情况是还没有仔细推敲就将其"一棍子打死"，从此就再无翻身之地了，"差生"的罪名就永远地成了木板上的钉子，早已入木三分。

其实能够做到因材施教的方法很简单，但是如果对象是差生的话则需要我们的教师再多一份耐心、爱心和坚信"朽木可雕"的韧性。

1. 让"差生"脱胎换骨的前提就是要求教师对他们的知识水平、接受能力、学习风气、学习态度都要有一个大致的了解，这是对症下药的关键所在。还有就是了解他们的兴趣、爱好、以及思维方式、身体状况等详情也很重要，这些方面都无不对教师的因材施教起到一定的辅助作用，以便从实际出发，有针对性地教学。

2. 教学中既要把肯定、赞扬给那些卓越的学生，又要善于兼顾个别问题学生，给他们表现的机会，更给自己一个表扬他们的理由。发自内心地给予所有的学生以同等的重视，关键是让"差生"也要深深地感觉到。在爱的铺衬下再进行因材施教会收到意想不到的效果。

3. 针对每个学生的特点，提出不同的要求，不要以为"差生"就什么也做不了、做不好。没有什么是比让人感觉到自己是被需要的还要令人振奋的了。

理论都是摆在这的，却总也避免不了有些教师还是掌握不了方向。

例如：学生做作业，做错了一道试题，老师在黑板上进行了严格仔

细的板演，然后让学生进行订正，改正错误。过了一段时间再次考查这道试题，会发现原来做错的同学依然会犯错误。老师很生气，认为学生学习的时候"不长脑子"，学习"不用心"，其实问题的根源还是教师不知道应该采用什么样的方法来教学生，没有做到因材施教。学生在订正错误的时候，他们比较多的是关心错误点在哪里，而对这种类型问题的思维方法不大关注，而学生之所以出现错误，更多的原因是在思维方法上出现了一个"认知上的节点"，比较有效的方法是在订正之后给他们再出示类似题型的问题，帮助他们从思维方法上进一步疏通，方法有了，就不会再犯类似的错误了。

这就是传承了几千年的"因材施教"，却始终不能完全贯彻的原因。那么，到底怎样才能做到因材施教，让优秀教师掌握好这项基本功呢？有两种措施可以借鉴。

一种是减少班级人数，采取师徒带教式的教学方式，求精不求多。工匠为什么能带出好徒弟、孔子为什么能培养出一批好学生，应该与此相关吧。杨福家先生创办的宁波诺丁汉大学，一个非常重要的举措就是小班化，一个班级的学生只有 15 个人。杨福家先生一个非常重要的教育理念是："教师不仅仅是要给学生传递知识，教师的主要作用是启发学生的心智"。"差生"是怎么诞生的？不排除长时间被教师忽略而造成的。学生人数少了，教师分配给每个学生的关注也就多了，即使有的学生再怎么"冥顽不灵"也抵挡不了教师时刻"盯梢"的攻势，逐渐的一些真正的坏习惯就会改正过来了。

另一种是改变自己。教师作为关系社会未来命运的园丁，最大的贡献是"改变自己，适应学生"这就是所谓的蜡烛精神，不依照自己的脾气禀性来要求学生、强硬地改正学生的错误所在。因为大多数的"差生"都是"宁折不弯"的类型。老师越是来强的，他们就越捣乱作怪；反之，老师如果以礼相待、以柔克刚的话，其实问题也没有教师自己想的那样的坏。也正是这寥寥八个字成为了教师如何实践因材施教的一个最为贴切的行动指南。越优秀的教师，改变的越多，改造"差生"

的成功率也就越高。

有一句话说的好："世上没有两片完全相同的树叶"，世上也就更加没有两个完全相同的人了。每个学生有每个学生的爱好和特点，每个学生都有不同于别人的长处，在学习上也表现出不同的个性。好与坏都是相对而言的，不可能都是相同的分数、相同的表现。基于种种不同，每个学生的学习方式也不会一样。所以，因材施教尽管历时 2500 年不仅不过时，而且对当今教育更具指导意义。

因为时代的发展对人才的要求越来越多样化，越来越强调一个人的个性发展，强调一个人的创新能力。所以，教师一定要擦亮眼睛，不要把孩子们的个性当成"坏毛病"来处理。并且在教育和培养学生的过程中，注重保护学生的个性，尊重学生的个性差异，通过科学的引导促使学生的个性朝着积极健康的方向发展，使其成为一种不同于他人的，能助自己事业发展的特质和才能。

第九章　改造『差生』的基本功

第十章
勇于探索创新的基本功

　　教育事业是一项永远都要探索、创新的事业。时间在流转，教育工作者的探索创新就不应该止步不前。一个成功的教育成果就是人才的诞生，教学的创新就代表着人才不断地更新，影响就是整个社会的进步。

　　所以，优秀教师勇于探索创新的精神意义重大，应该以建设性的态度、创造性的教学，在实践中发现问题、总结经验、拓广途径。怎样创新？不但需要不断学习补充知识食粮以便有前进的动力，还要适当地停下脚步反思所走过的道路，完善自我；不但要尊重前人教学成果教书育人，更要与时俱进地相信真理，不畏惧教条、权威地打破世俗。新时代下对优秀教师的标准有新的要求，探索、创新迫在眉睫。

第一节　不断学习进取

优秀教师需要掌握的这项勇于探索创新的基本功，"勇于"很重要，这是掌握这项基本功的先提条件；但真正决定着是否成功与否的还是要看"探索、创新"出了什么结果。拿什么去探索？拿什么去创新？不难得出唯有知识是前进道路上的最佳武器，是面对混沌前景时的指路明灯。所以，教师一定不要有种知识已经"够用"的错觉。知识是学不完的，想走得更远就要学更多的知识。想做优秀教师就要不断地学下去、要"洗脑"、要"充电"、要"补血"。先做学习型教师。

除了教师自身要求自我要勇于探索创新这个目的之外，教育教学本身也是一项繁复的工作，培养学生首先就要求教师具有渊博的知识基础、深厚的文化底蕴、良好的教学素养。这也要求我们的教师要有不断学习的精神。

教师，常被看作是知识的象征，没有知识就难为人师，所以，知识修养是教师赖以为本和创新教育教学方法的基础，也是赢得学生尊重、树立教师威信的重要条件。因为在学生看来，教师首先应该是学识渊博、专业精深的人。而学生常常又会因崇尚教师广博的学识，从而产生对教师的敬慕之情并产生刻苦学习、奋发向上的内驱力。

所有因素都表明了：如果教师想对得起这份职业，就得学习，以求进取。

天下之大，如果对所有的知识都做全部了解，一个人恐怕用尽了一生的精力也不能够做到。每个职业都有它要学的侧重点。对于教师来

说，特别是正在努力试图成为优秀教师的人又应该从哪些方面学起呢？

作为一名学习型教师，根据自身职业的需要，首先应该努力地完善自己的知识结构。一个知识面狭窄的教师，很难真正给学生以人格上的全面感召力。为人师应该尽可能地博览群书，除了该有的学历外还应该有经历有阅历，行万里路读万本书。

作为一名学习型教师，应该多掌握现代信息技术，网络时代如果与网络绝缘，那无异于新的睁眼瞎了。更何况现代信息技术设备已经越来越多地进入我们的教学生活中，虽然对如何更好地发挥多媒体的作用还有着各种各样的说法，但谁也不会否认合理地运用这些科技成果为课堂教学服务会收到事半功倍的教学效果，形象直观、快速便捷、海量信息，哪里还是一支粉笔可比呢？

作为一名学习型教师，除了从现成的理论上去学习外，更应该从自己的教育教学实践中去学习，去对比，去研究，去总结，去反思。这需要教师多多参加学校组织安排的研修课。

研修课是学校为全体教师搭建的学习平台；让你身边的优秀教师，潜移默化地影响着我们自己。所谓"与有肝胆人共事，从无字句处读书"，因为我的确能从身边的每个人身上学到我们自己没有的优点。尤其是教师之间，每一位老师都有自己的授课方式和教学特点，因此，要多听别人的课，学习他们的先进经验，以此来取人之长，补己之短，去改革创新教学。谦虚是中华民族的传统美德，更是人民教师应该具备的优良品格。做一个学习型的教师，应该成为每个教师的为师信条。

作一个学习型的教师，要坚持钻研教材，阅读参考书、报刊专业杂志、各种文献，使学习成为一种内需。在学术上应该摆脱抄教案的陋习，通过在教参上圈圈点点划划、做批注、写感受等形式理解课文内容，自己编拟教学设计，觉得教起来很实在。能起到发现问题，思考问题，解决问题的作用。

我们在学习中又应该避免进入哪些误区呢？

1. 知识储备不能仅局限于实用。

教育工作者的职责不是单一的传授给学生某方面的知识和技能，而是要有促使他们全面发展、健康成长的丰富、系统的知识。这就要求教师的知识不能太单薄，它要以全面的知识素养为根基。

　　比如你是教数学的，数学知识你是没有问题，要是课堂上出现了其他知识你又不具备怎么行？所以教师不能教哪门学科就学哪门学科的知识，还要兼顾学习其他学科的知识。同时，光有教学方面的知识还不够，诸如人文方面的，社交礼仪方面的，为人处事方面的知识要具备，这样在教学中才会游刃有余，否则就会在需要的时候捉襟见肘。

　　我们不能辱没"知识分子"这一无限光荣的称呼，所以，既然选择了教师这一行业，就要做一个专业知识精深、文化知识广博、社会知识丰富、有创新精神的优秀教师。

　　2. 教学技能不能仅拘囿于经验。

　　教学工作是一项不断探索、与时俱进、常做常新的系统工作，它有规律可循，但没有一成不变的经验可依。我们面对的是具有独立个性的、不断发展变化的学生，不同的年龄、不同的时期、不同的环境，学生的差异性是显而易见的，我们不能靠固有的经验去适用所有学生。

　　有这样一个寓言故事：

　　一头驴子每天给主人驮货物到河对岸去。有一天，它每天必经的桥断了，它就涉水过河，上了岸以后，它感觉背上的货物越来越轻，不禁暗自得意。因为它这天驮的是盐，过河时盐被水浸湿后盐溶化了，越来越少，所以越来越轻。第二天，它又驮了两大袋货物过河，有了昨天的经验，它还专门往水深的地方趟，不料背上的货物却越来越重，任凭它怎样挣扎也无济于事，最后淹死在河里。它不知道今天驮的是棉花，不会像昨天的盐一样遇水后越来越少，驴子凭经验丢了性命。

　　有的经验可以借鉴，但是如果过于沉迷以往的经验而不知变通，其结果往往适得其反。有的教师为什么教了十几年甚至几十年的书，教学水平没有长进，教学质量总是提高不上去呢？就是因为他从来没有更改过自己的教学设计和教学方法，单凭以往的已经过时的教学经验来应对

十变万化的学生。在教学上我们教师不仅要尊重规律，更要尊重学情。

孔子告诉我们要"教学相长"，学生都变化了，有长进了，老师还能原地踏步么？因此，我们的教师决不能固守个人已有的经验，而是要不断地改革、创新探索新地教学方法、以适应时代的要求。

第二节 在反思中成长与完善

创新意味着什么？创新意味着前进。一个人前进、进步是好事。就像一个学生爱学习一样，爱学习也是好事，天大的好事，但你能一天24 小时不停地学吗？也是要吃饭、睡觉、休息的。别认为吃饭、睡觉会抢占了学习时间，适当的休息是为了应对更高的挑战。它能吸取力量让你更有精力地学习。探索、创新也是如此，总是处于这种前进的状态也不是什么好事，时间久了也会累的、倦的、厌烦的。就像弦，绷得太紧就会有断的危险。所以，我们在练就勇于探索创新的基本功时，一定不能忘记要偶尔停下来，利用这休息的时间来"反思"一下。

"反思"一词，最早源于佛学，是指人对照佛祖的规训，对照自己的行为，在内心自我剖析、自我谴责、自我慰藉、自我律戒，以达到灵魂升华的境界。后来，引用佛语的引申义，"反思"一词，泛指人对自己的言行进行总结、思考、内省的过程。反思即自我比较，是对自己言行的追溯性思考，即所谓"切己体察"。反思的意义在于发现问题，明辨事理人伦，提升自我修养，完善自我为人、为事、为学之道。

可见"反思"对教师这一行业之意义重大。时代在变、学生一批批地入学、毕业，时间的变迁赋予了人们不同的思维模式。所以，教师们，在前进的同时，静下心来，看看身边的学生，反思自己。短暂的停留不会放缓你前进的脚步，只会使你充满动力地越走越快、越走越好。反思之后，有所收益，你才会真正认识到它的好处和必要性。

反思之所以能够促进人的发展，是因为通过反思，人们能够意识到

自己与价值标准、行为规范之间的差距，发现自己的不足之处，发挥自己的优点。反思是教师专业成长过程中必备的一种能力，通过反思，可以不断觉醒自己的教育理念，更新教育思维方式，改善教育行为方式，凝练教育教学艺术。

反思如此重要，想成为一名优秀教师的话，到底具体要反思些什么？又是从哪里切入进去呢？

一、反思自己的教育理念

所谓理念，就是理想和信念，就是理论和观念。理想地说，教师的任何教育行为都应该建立在一定的理念基础之上。所谓有理念，就是对自己的策略选择和行为方式能够清晰地进行理念解释和行为描述，能够进行"为什么"的阐释。

"为什么要如此进行教学设计"、"为什么要如此处理教学过程中的问题"，说出教学中处理具体教学问题的思维方式。

反思自己的教育理念，也就是要结合具体的教育教学过程，回答自己是怎样看待学生，如何设计和分解教学目标，怎样处理知识与能力、知识与品德等方面的关系，甚至要思考自己与学生的关系等问题。通过对这些内容的反思，才能逐步形成自己的教学思想。理念的掌握和思想的形成，不仅仅是通过培训、经验中获得的，更主要的是通过反思逐步建构起来的。

二、反思自己的教育思维方式

思维方式是理念的形式，观点是理念的内容，思维方式是支配行动的重要因素，我们怎样思维，就会怎样行动。在处理教育问题的思维方式上，我们往往容易在不知不觉中犯错误：犯单一性思维、封闭性思维、客体性思维等等方面的错误。

单一性思维往往是就知识论知识，就学业成绩论成绩。比如，老师们非常关注的学生考试成绩问题，总是容易陷入单一性思维的角度处理问题，认识不到影响学生学业成绩因素的多维性，总以为练习是最有效的方式，总以为书本知识的学习是最重要的。其实不尽然，比如学生语文成绩就不只是受语文书本知识的学习、练习制约的。要提高学生的语文考试成绩，必须要把握两个基本途径：一是语文知识的积累和训练，二是生活体验的丰富和感悟。按照单一性思维来处理语文教学中的问题，许多语文教师往往就忽略了另一重要的途径。

　　总之，反思要以探索和解决教学问题为基本点；以追求教学实践合理性为根本动力；将学生学会学习与教师学会教学统一起来。

三、教师反思的具体策略

　　如何进行反思？反思首先要有目的。通过反思要达成何种认识，形成什么观念，更新哪些行为，自己要做到心中有数。盲目的反思，不可能得到什么好的启发。反思贵在坚持，事事总结，时时反思，持之以恒，才能真正体会到反思的作用。一暴十寒、得意忘形、断断续续，难以维系观念和专业行为的系统化。反思要有深度，要注意把握问题的核心和实质，突出观念和思维方式的反思，有助于反思的深刻性。浮光掠影、散乱无章、浅尝辄止，是不能真正达成有收获的深度反思的。反思的具体方式多种多样，但只要有目的、有计划、持之以恒地对自己的专业行为方式进行及时总结、对比参照、提炼心得，定能收获反思的喜悦。

　　1. 总结性反思

　　一个人生存在这个社会中，应该每过一个时段就去结交一帮新朋友、参加不同类型的聚会、完成一个科研课题，在这些活动中提醒自己要有意识地进行总结。看一看自己究竟说过哪些有力量的话语，表达了哪些能够留下印迹的观点，理清了哪些关系，存在哪些不足，是否有值得提升的处事经验。每一次总结，总能使自己获得一些思维感悟和人生启迪。日久天长，就会养成了总结的习惯。随着年龄增长、记忆力退化，越来越感到总结的重要性。

第十章　勇于探索创新的基本功

总结，其实是一个将零散的、过程性的点点滴滴进行整理的过程，是将其系统化的过程。没有总结，那些点点滴滴，随着时光的流逝，会变得逐渐模糊，甚至生疏。没有总结，本该闪光的东西，会被琐碎的东西掩埋得越来越深以至无法挖掘。其实，我们每个人的脑海里都充满着无数闪光的人生宝藏。而往往由于总结上的缺失，我们自己全然不知。

总结，其实也是一种反思的过程。曾子曰："吾日三省吾身。"说的就是反思性的总结。所谓"吃一堑，长一智"也是强调总结反思的重要性。如果没有了"三省"，就没有了"随心之所欲"；没有了总结和反思，"吃一堑"后还会再"吃一堑"，不断在同一个地方跌倒。

总结是一种习惯，更是一种能力。现在人们特别强调学生要"自主、自觉、自律"，这"三自"的起点便是两种基本能力，一是规划能力，二是总结能力。无论对学生的身心发展，还是对优秀教师的专业成长而言，总结都应该是一种必备的能力。总结是反思的起点，总结过去的经历和经验、感想和感悟，就是反思的开始。

2. 描述性反思

反思能够将过去的经历和经验、感想和感悟条理化、系统化。但如何从过去的教育经历或教育经验、教育感想和感悟中提取新的东西，还需要经过描述性反思与解释性反思两个阶段。

所谓描述性反思，是对原有事件、教育经历、教育活动作过程的叙述。描述的主要目的是使纷繁复杂的活动事件、活动过程的细节再现在思维之中以便于分析，它主要用来表达经验是如何展开的。描述性反思类似于当前广大中小学教师所开展的教育叙事。描述性反思主要用来说明经验"是什么"或经验是"怎么样"展开的，经验的主体当时是怎样想的，想到了哪些问题，处理了哪些关系。描述性反思，其实是经验提取的过程。

3. 解释性反思

深度的反思依赖于解释性反思。解释性反思是在描述性反思的基础上，进一步对教育行为、教育事件或教育经验作观念的分析、思维方式的考察，从而揭示行动的依据、观念基础和思维方式的特征。解释性反思的重点在于观念的说明、思维方式的分析。它不只是说明行动是怎样产生的，而是要思考"我如此行动的理由"。通过解释性反思，教师才能真正发现经验或行动的问题之所在。

从解释性反思的角度看，教师反思的重点在于观念的反思和思维方式的反思两个方面。有效的反思要时刻分析自己的观念清晰吗？思路明确吗？思维方式是否存在问题？是不是把复杂的问题过于简单地处理了？是否完整地把握了教育教学的目标，是否存在价值观念上的偏差？对问题的思考是否过于封闭了？

人的最大的惰性是观念的惰性、思维方式的惰性。有时候要真正转变某种观念和思维方式，其实是非常困难的。只有通过解释性反思，我们才能逐步意识到自己的教育观念、教育思维方式的局限性，不断调整自己的看法，逐步改变看待与分析解决教育教学问题的思路，才能真正实现观念更新。

当然，反思还存在着方向性问题。只有识时务、辨方向，把握大势所趋，具有改革意识和追求卓越的教师，才可能产生对教师专业发展具有价值意义上的反思行动。

愿我们的教师都能成为"反思型教师"。

第三节 拒绝平庸，追求卓越

　　万无一失意味着止步不前、意味着平庸，虽然表面上安全，其实那才是最大的危险；为避开最大的危险，就要拨开安逸、平庸的表面去冒险，以求不断地寻求突破，追求卓越。

　　平庸之所以危险，是因为平庸会让我们觉得这世上没有想要去争取的东西；一旦"无欲无求"就会使人失去竞争天性，失去个性，成为一个平庸之人。平庸的结果是经不住这大千世界中的物竞天择，逐渐走向消亡。

　　普通教师想要成为优秀教师，首先就要突破平庸、追求卓越，使自己先要充满战斗力。

　　课下问问自己的学生，让他们说出自己几个区别于其他教师的特点，如果他们的答案不超过三个的话，那么从今以后就真的应该改变改变自己了，因为你已经加入了平庸人的行列。

　　能够教育出出类拔萃的学生，是每一位优秀教师的共同心愿。在对学生有所期待的时候，是否考虑过自己是否拥有自己独特的教育个性，建立了自我独立的人格。是否一旦觉得自己的所作所为是正确的，就有一定要坚定自己的立场的信念呢？优秀教师之所以优秀，关键在于他一直坚持自己的教育理念，保持自己的教育个性和教学风格，再加上特有的人文关怀、人格魅力，进入优秀行列自然就水到渠成。

　　但总有这样一类教师；他们本来天资聪颖，却对每一天都抱着虚度的态度，对工作敷衍了事、得过且过；对生活也马马虎虎，胸无大志也就绩效平平。

放着自己的聪明才智不加以利用，还没加入竞争就自认为不能和那些优秀教师、名师相提并论，觉得别人是做大事的，自己却永远只能做个小教员，成功的机会总是渺茫，维持这种平庸状态不惹事就很不容易了。

这种普通与优秀的差别的存在，造成这种现象的主要原因在于是他们自己甘为平庸，自暴自弃，缺乏改变现状的信心和勇气，不具备追求卓越的进取心。

如果现在你正处于平庸状态，若你想改变这种状态，不妨参考以下做法。

1. 超越平庸，就是时刻坚定自己的立场、避免随波逐流。就好比做生意，一个行业，第一个做的人肯定是获益最大的人，越是后来加入的人收益越少，甚至赔钱也说不定。吃别人剩下的饭味道总是不会太好。所以，拒绝平庸的关键点就在于别总是跟在别人后面走路。随波逐流只会好在遇到的危险系数会降低，而坏处在于这条路上能捡到宝的话也会被你前面的人捡到，你的角色只是跟在别人的后面白白地走一遭。

2. 拒绝平庸，并不是表示要干预教师的独立的个性发展，恰恰相反，要保存教师的个性，这个保存不是校长说了算，而是呼唤教师的生命意识与责任意识，把教师的生命引向充实与崇高。也许，不是人人都能拥有自己的崇高的生命形态。但是，我们不应该拒绝崇高的生命引力，这样获得的生命自由，才是一种自律与他律的谐和……

3. 教师如果不静心读书、反思、实践，即便主观上达到了"拒绝平庸"可客观上依然徒劳无益难逃宿命。为何？用事实说话！我们身边的许多老师又何曾安于平庸？有何尝未作激情挣扎？可结果怎样呢？读书了，可随兴趣挑选书目，没有系统建构也没有深入研讨；有想法了，可如同电石火化一样消失在刹那，没有整理也没有追溯；认识了几位有层次的好友，可相伴一段岁月之后，渐渐远离，激情终将化为曾经的豪情和几句口号，作为聊以自慰的回忆。不止一次地自责，也用更多

次数地挣扎，过去如此，现在依然如此，不知道能够撑多久？拒绝平庸，似乎是起码的一个学习理念，可又是多么难以企及的一个生活理念啊！

4. 要做有思想、追求卓越的优秀教师，关键是要在反思中进步。我们前面也讲到了反思是进步的动力与助力，唯有诚实的反思，甚至是对于自身的无情的解剖与批判，才能找到自我思想进步与成熟的正确的方向，反思不仅仅为了批判，更大的意义是重建，思想的建树不一定要成名成家，可以一鳞半爪，可以单线勾勒，自成一体，如果一直这样努力与坚持下去，我们的思想也会从简单走向成熟，从纷乱走向明晰，最终建树起属于自我的独立的思想体系。

为了我们共同的教育之梦，勇敢的站出来，向自己的过去怒吼："请平庸走开！"向自己的未来呼唤："请卓越过来！"勿让自己在中庸体制下，随波逐流，沦为尔尔之人。

加拿大一位病态心理学家汉斯·塞耶尔在《梦中的发现》一书里，做出了一个惊人的估计：人的大脑所能包容智力的能量，犹如原子核的物理能量一样巨大。从理论上说，人的创造潜力是无限的，是不可穷尽的。也就是说，那些平庸的教师之所以整天浑浑噩噩，碌碌无为，原因并不是因为他们没有才能，没有机会，关键在于他们没有把自己的无限潜能开发出来。

所以，超越平庸的第一步应该从我们的思想开始，相信自己拥有超越平庸，追求卓越的潜能，给自己树立一个成为名师乃至教育家的远大目标。

拿破仑曾对自己麾下的百万雄兵说过这样一句话："不想当将军的士兵不是好士兵。"而今天，我们要说："不追求卓越的教师也不是优秀教师。"

关于优秀教师的标准有很多，如果一位教师能够做到以下几点，应该可以称得上是优秀了：①对眼前的工作充满热爱，尽职尽责；②任何时候都井井有条，准备充分，一切尽在掌握中；③认识到提高教学与学习的关键就是要不断思考、学习和研究；④知道什么样的教学方法能够收到成功的教学效果；⑤深受学生的尊敬和喜爱，关注每个学生的学习和成长过程，帮助他们进步和发展；⑥帮助学生在测验和考试中取得满意的或超出预期的好成绩；⑦永远都保持探索、创新的教学精神。

你可以将上述标准作为衡量自己进步的标尺，以便使自己发展成为一名优秀的教师。

事实上，优秀与平庸往往只差一小步。在工作中，每个教师的天分，加上专业领域的知识训练，再为自己的工作多一点点热情和热爱，正是你从平庸跃升到优秀的关键之处。

一个人做着平凡的工作并不是没有出息，而在平凡的岗位上平平庸庸地做事那才是可耻的行为。我们不能拒绝平凡，但是我们却要拒绝平庸。只要积极主动地创造机遇，在努力拼搏中不断发展自己，优秀教师行列的彼岸就离你不远了。

第十章　勇于探索创新的基本功

第四节 培养先进的教育观念

　　当前，我们迎来一个变化日新月异、全球化浪潮迅猛的时代。在这个时代中，教育界也面临着巨大的冲击、挑战和机遇。尤其是在正沿着全面建设小康社会的道路大步前行的中国，新形势、新情况、新问题更是层出不穷，教育的担子更重了，要求更高了，变化也更大。那种"一支粉笔一本书"就能当好教师的年月，早已一去不复返了。

　　如今，要想成为一名优秀教师，不仅仅要在专业知识和技能上跟上时代、形势发展的步伐，更要在更新观念与思维方式、树立前瞻性和世界性的眼光上下功夫。教育要"面向现代化，面向世界，面向未来"，我们教师就要从现代化、国际化和未来发展的维度上，不断努力去思考如何使我们的教育适度超前发展，紧跟时代的步伐，符合形势的需求。

　　其实教师虽然是一个备受尊重的职业，同时也是一个压力很大的职业。单单做教师容易，备课、上课、批作业。但要做一个优秀教师，仅仅就是做好本职工作的话就很难满足时代和学生们的要求了。一个优秀教师不但要教育学生，更要了解学生，了解社会，了解这个时代，以便适时地更新教育观念。

　　有的同学会私下抱怨：这个老师太严肃了，连一个微笑都吝啬给我们。有天和老师开了个善意的小玩笑，他居然火了。那天拿同学录想找老师给签个名，他却说，不好好学习，心思都用在这些无聊的事上能有什么大出息……

　　不难看出，这个教师确实不是一个受欢迎的教师，多少给人有点与社会脱轨。不懂人情世故的感觉。其实我们教师时常念着要更新观念，并不是只有口头说说就可以的，关键是要从传统意义的教学中寻求新的突破。想成为令人敬仰的优秀教师就要做到眼中有学生、心中有目标、处处有教育。这种先进的、与时俱进的教育观念具体来说就是让每个教师都要努力成为学生们学习生活中的支持者、合作者、引导者。

一、做学生的支持者

教师做学生的支持者并不难，只要站在他们的立场上思考，能深入到他们肺腑程度就好。凡是在基本立场统一的情况下都应该从学生的兴趣和需要出发，相信他们身上蕴藏着巨大的潜能，并关注他们的发展需要。

最容易导致教师停滞不前的阻碍就是总是自困在自己眼中的世界里。想要根据得上形式而转变观念就应透过学生们眼里的万花筒来看看这个世界。看的同时还要努力地理解和支持他们"出格"的想法和做法。支持和鼓励孩子们的求知欲望、勇于探索、勇于实践的精神，让每一个学生的潜能都能获得满足和成功。

教师的各种言语和眼神、姿态等非语言方式，都应透着对于学生的关爱、尊重、理解、接纳和支持，尤其是应对那些胆小内向、沉默寡言的学生更应向他们传递教师对他们无条件的关爱、接纳、肯定、信任，使他们产生一种充分的被重视感和被尊重感，进而产生安全感，这是学生心理健康和各方面积极发展的重要保障。

二、做学生的合作者

传统的教师是学生们活动的控制者，学生的大部分学习生活都在教师预先的设计安排和严密的控制之下进行的。看似有条不紊，但师生间也缺乏了有效的交流。所以，想填满师生间的裂痕最好的方法就是教师能够以伙伴、合作者的身份参与到学生们的活动之中，成为他们中的真正一员。建立一种亦师亦友的关系。

即是学生们取得成果的见证人又是和他们共享快乐的分享着。把这种合作的关系不断地引向深入，这种平等对话的合作伙伴的关系就会被智慧的激发和碰撞所充满，形成情感的共享。

在互动中，教师不是以倾泻或灌输的方式传递给学生，而是以一种滋润的形式，进行间接指导，当然，教师在这互动中同样可以得到乐趣。

三、做学生的引导者

面对科学技术日新月异的加速交替，教师单单只传授知识是远远不够的，引导学生"要学"、"会学"，显然比"要我学"、"学好"更为重要，因此，教师不应该以"百科全书"的权威姿态出现，更要不断激励学生的大胆尝试，放手让学生们独立的活动，世界是新奇的、神秘的，其认知、探索的欲望与范围也是无穷无尽的。如果把学生的探求欲比作洪水的话，教师就要像大禹一样"开渠引流"，而不能像鲧一样"抛填堵截"。

虽然教师的工作生活更多是处在两点一线的状态，但教师的视野却不应被这一座座高强所束缚。培养先进的教育观念是老师们不断探寻的一个课题，想要研究的深、研究的透，不妨以我们的学生为一个平台。因为他们才是未来发展的一个方向。

第五节　敢于挑战权威

　　普通教师之所以与优秀还有一段距离是因为他们永远是用昨天的知识，面对今天的学生，培养明天的人才。这样怎么还能更好地完成历史赋予教师的重任呢？

　　教师的最佳搭档当然是教科书，可以说是亦师亦友的关系。老师也是从学生时代过来的，谁都不是先知。要望得更远还得站在前人经验的肩膀上，不得不说这是条非常吸引人的捷径。

　　但时代是发展的，书本上的白纸黑字是改变不了不会自动更新的。所以对于书本这个朋友就要本着取其精华去其糟粕的态度。可悲的是，有些人却对教科书几乎到了迷信的程度，唯教科书是从，因为在他们的经验里，教科书就是权威，权威就是永远正确的。

　　但是，权威和真理可以划等号吗？别忘了，无数的真理就是突破了权威的围攻堵截后才拨云见日、一翅冲天的。可见权威并不等于正确，更不等于真理，有时恰恰还是正反两方的代表。

　　如果教师一味地信奉教科书，碰到有问题的地方也对其视而不见听而不闻，不但会对学生的教育导入偏差，也无法充分带动起他们学习的积极性。

　　所以，只要认识到真理，就不要被已认定的规定锁住翅膀。真理是永远经得住考验的。更为重要的是追寻真理的过程中，对孩子们的影响是意义深远的。

　　一流的教师也是不会迷信权威的，他们的心中只认定对的东西，而

正是因为相信真理，所以他们更能够挑战权威。

教科书是我们相当宝贵的教学资料，不过，关键的地方在于——它们仅是资料而已。当然这并不意味着教师可以完全抛弃了教材里的内容。

能教出好学生，做一个优秀教师最需要的基本功是对教科书做必要补充。在根据学生的实际情况来安排教学，不完全受教材的左右，根据不同的内容要求和水平，大多数学校都有自己的课程设置和安排，要求老师们贯彻执行。事实上，没有哪本教材可以和某一个学校的课程完全匹配。但是，学校在选择教材的时候，还是尽可能选择那些与具体课程密切相关的教材，会误把教材当作课程，亦步亦趋、循规蹈矩。他们把教材内容从头到尾一点不落地讲给学生，却忽视了这门课程的根本目的。

优秀的老师能够按照课程要求，选择最好的教学资料进行教学；而能力差一点的老师就只会依葫芦画瓢，讲什么，什么时候讲，提问什么问题，学生们该怎么作答都要按照教材来，分毫不差。甚至连考试的形式和答案都照抄不误表面看，这是在维护教材的权威，事实上是在坑害学生。

一天中，除了睡觉，学生们在学校里的时间并不比在家里少。教师陪在学生们身边的时间可能都比父母多。教师就像学生们的另一个家长，为了孩子们的未来成长，教师们也要坚持真理，挑战不符合现实的权威，为孩子们撑起一片明朗的天空。